Gestão de espaços e equipamentos de esporte e lazer

EDITORA
intersaberes

O selo DIALÓGICA da Editora InterSaberes faz referência às publicações que privilegiam uma linguagem na qual o autor dialoga com o leitor por meio de recursos textuais e visuais, o que torna o conteúdo muito mais dinâmico. São livros que criam um ambiente de interação com o leitor – seu universo cultural, social e de elaboração de conhecimentos –, possibilitando um real processo de interlocução para que a comunicação se efetive.

Gestão de espaços e equipamentos de esporte e lazer

Antonio Carlos Bramante
Luiz Wilson Alves Corrêa Pina
Marcos Ruiz da Silva

EDITORA intersaberes

Rua Clara Vendramin, 58 • Mossunguê • CEP 81200-170 • Curitiba • PR • Brasil
Fone: (41) 2106-4170 • www.intersaberes.com • editora@editoraintersaberes.com.br

Conselho editorial
Dr. Ivo José Both (presidente)
Dr.ª Elena Godoy
Dr. Neri dos Santos
Dr. Ulf Gregor Baranow

Editora-chefe
Lindsay Azambuja

Gerente editorial
Ariadne Nunes Wenger

Preparação de originais
Juliana Fortunato

Edição de texto
Natasha Saboredo
Tiago Krelling Marinaska
Camila Rosa

Capa
Laís Galvão (*design*)
Branislav Nenin/Shutterstock (imagem)

Projeto gráfico
Luana Machado Amaro

Diagramação
LAB PRODIGITAL

Equipe de *design*
Silvio Gabriel Spannenberg

Iconografia
Regina Claudia Cruz Prestes

Dados Internacionais de Catalogação na Publicação (CIP)
(Câmara Brasileira do Livro, SP, Brasil)

Bramante, Antonio Carlos
 Gestão de espaços e equipamentos de esporte e lazer/Antonio Carlos Bramante, Luiz Wilson Alves Corrêa Pina, Marcos Ruiz da Silva. Curitiba: InterSaberes, 2020. (Série Corpo em Movimento)

 Bibliografia.
 ISBN 978-85-227-0272-5

 1. Áreas de recreação – Projetos e construção 2. Esportes e lazer 3. Instalações esportivas – Projetos e construção I. Pina, Luiz Wilson Alves Corrêa. II. Silva, Marcos Ruiz da. III. Título. IV. Série.

19-32178 CDD-796.068

Índices para catálogo sistemático:

1. Espaços e equipamentos: Esporte e lazer: Gestão   796.068

Cibele Maria Dias – Bibliotecária – CRB-8/9427

1ª edição, 2020.

Foi feito o depósito legal.

Informamos que é de inteira responsabilidade dos autores a emissão de conceitos.

Nenhuma parte desta publicação poderá ser reproduzida por qualquer meio ou forma sem a prévia autorização da Editora InterSaberes.

A violação dos direitos autorais é crime estabelecido na Lei n. 9.610/1998 e punido pelo art. 184 do Código Penal.

Sumário

Apresentação • 9
Como aproveitar ao máximo este livro • 12
Introdução • 19

Capítulo 1
Espaços e equipamentos de esporte e lazer: análise do passado, desafios do presente e perspectivas para o futuro • 23
   1.1 Lazer como fenômeno sociocultural urbano • 26
   1.2 Esporte como fenômeno sociocultural urbano: breve análise da relação entre esporte e lazer • 34
   1.3 Esporte e lazer: desafios do presente e perspectivas futuras • 40
   1.4 Espaços de esporte e lazer como cenários para interação social e qualidade de vida • 46

Capítulo 2
Componentes principais e impactos da gestão em espaços de esporte e lazer • 63
   2.1 Evolução histórica de alguns conceitos referentes à gestão • 66
   2.2 Gestão direcionada a espaços contemporâneos de esporte e lazer • 71

2.3 Modelo conceitual de gestão: demanda *versus* oferta • 77
2.4 Aspectos financeiros da gestão de espaços de esporte e lazer • 83

Capítulo 3
Esporte e lazer: concepções e orientações metodológicas com ênfase no processo de gestão • 97

3.1 Planejamento e organização como funções da gestão • 100
3.2 Orientações metodológicas para o planejamento de espaços de esporte e lazer • 108
3.3 Processos de manutenção de espaços e equipamentos de esporte e lazer • 123
3.4 Aspectos legais referentes à gestão de espaços e equipamentos de esporte e lazer • 129

Capítulo 4
Formação, qualificação e desenvolvimento de recursos humanos • 145

4.1 Estrutura de recursos humanos para gestão de espaços de esporte e lazer • 148
4.2 Competências do gestor de espaços de esporte e lazer • 154
4.3 Programa de treinamento e qualificação de recursos humanos para gestão de espaços de esporte e lazer • 161
4.4 Programa de desenvolvimento do quadro de voluntários • 164

Capítulo 5
Gestão de programas de esporte e lazer e sua relação com espaços e equipamentos • 181

- 5.1 Modelo de oferta e demanda de experiências de esporte e lazer • 184
- 5.2 Programação de experiências e eventos em espaços de esporte e lazer • 188
- 5.3 Execução de programas operacionais de esporte e lazer • 198
- 5.4 Ferramentas de avaliação de programas de esporte e lazer • 202

Capítulo 6
Análise da viabilidade e gestão da comunicação em espaços e equipamentos de esporte e lazer • 227

- 6.1 Elementos essenciais para formulação e implementação de fatores de viabilidade de instalações de esporte e lazer • 230
- 6.2 Relacionamento comunitário e integração social para implementação de plano estratégico de comunicação em esporte e lazer • 237
- 6.3 Ferramentas de *marketing* para potencializar o uso das instalações de esporte e lazer • 243
- 6.4 Tendências atuais e futuras para a gestão de espaços e de equipamentos de esporte e lazer • 249

Considerações finais • 267

Referências • 271

Bibliografia comentada • 281

Respostas • 285

Sobre os autores • 287

Apresentação

Para você, leitor, profissional atuante ou estudante de educação física, sentimos a urgência de elaborar uma obra sobre um tema referente à área de esporte e lazer: a gestão de espaços e equipamentos. Consideramos que esse assunto ainda não recebeu a devida atenção no Brasil, visto que não há muitos materiais ou manuais que contextualizem as experiências desenvolvidas em instalações do gênero existentes no país, implantadas e mantidas pelos poderes públicos, pelo setor privado ou pelo terceiro setor[1].

Mesmo que ainda não existam muitas obras técnicas e acadêmicas que descrevam ou relatem esse tipo de processo, que o analisem ou o avaliem como forma de melhoria para esses espaços, há métodos e procedimentos que confirmam que os locais de esporte e lazer incorporam uma imensa quantidade de trabalhadores, mesmo que o número exato ainda não seja conhecido, visto que não existe censo elaborado por qualquer órgão público.

Nos seis capítulos que compõem este livro, procuramos apresentar um quadro coerente de conhecimentos e experiências, visando, na medida do possível, contribuir para os processos acadêmicos de aprendizagem e para o estímulo do debate entre

---

[1] O primeiro setor é representado pelo Estado (setor público); o segundo setor, pela iniciativa privada; e o terceiro setor, pelas organizações não governamentais da sociedade civil que não podem ter fins lucrativos e que atuam na promoção da cidadania.

aqueles que atuam nesses espaços como gestores ou animadores e os que têm interesse na área. Esperamos incentivar, dessa maneira, a elaboração de pesquisas, estudos e textos técnicos para a construção, em médio prazo, de uma literatura consistente e bem fundamentada.

No primeiro capítulo, descrevemos de modo sucinto as transformações socioculturais que, a partir do último século, configuraram as experiências de esporte e lazer da atualidade e determinaram como devem ser seus espaços e equipamentos. A análise da cidade como lócus privilegiado do lazer e do esporte como um fenômeno cultural urbano possibilita o desenvolvimento de algumas considerações sobre os desafios do presente e as perspectivas futuras. Utilizando essa base analítica, examinamos os espaços de esporte e lazer como locais que promovem a interação social e a qualidade de vida. Além disso, apresentamos uma oficina temática, composta por um esquema formal para a análise de um equipamento de esporte e lazer do ponto de vista social.

No segundo capítulo, sintetizamos o conceito histórico de gestão e apresentamos suas principais funções. Além disso, propomos um modelo conceitual de gestão de esporte e lazer com base na relação entre demanda e oferta e descrevemos alguns aspectos financeiros importantes para a gestão desses espaços. Finalizamos o capítulo com uma oficina temática sobre um método para a pesquisa diagnóstica desse tipo de estabelecimento.

No terceiro capítulo, sugerimos processos de planejamento fundamentados nas noções de plano, programa, projeto e processo, enfatizando a importância do planejamento para a obtenção de melhores e mais eficientes resultados nos procedimentos operacionais. Incluímos no capítulo orientações metodológicas para a elaboração desse planejamento e explicamos os processos de manutenção e sua relevância para o melhor desempenho operacional, ressaltando os aspectos legais envolvidos na gestão dos espaços de esporte e lazer. Concluímos o capítulo com uma oficina temática, na qual delineamos um procedimento técnico para a elaboração do mapa de manutenção de um espaço de sua escolha.

No quarto capítulo, apresentamos a estrutura dos recursos humanos, destacando as competências do gestor da área em questão para examinar os programas de treinamento e de qualificação de pessoal. Na sequência, apresentamos um programa de desenvolvimento de voluntariado, tema pouquíssimo trabalhado no Brasil. Concluímos o capítulo com uma oficina temática sobre gestão pública e o papel do Conselho Municipal de Esportes e Lazer.

No quinto capítulo, propomos um modelo de demanda e oferta de experiências de esporte e lazer que complementa o assunto desenvolvido no segundo capítulo. Em seguida, apresentamos uma sugestão metodológica para a elaboração de uma programação a ser integrada por um modelo de execução de programas operacionais, bem como indicamos algumas ferramentas de avaliação. Finalizamos o capítulo com mais uma oficina temática, dessa vez com a proposta de um programa de atividades e eventos para determinado espaço de esporte e lazer existente na cidade.

No sexto e último capítulo, discorremos sobre alguns elementos essenciais para a formulação de fatores de viabilidade para os espaços de esporte e lazer, dando seguimento à análise do relacionamento comunitário como forma de implementar um plano estratégico de comunicação. Para isso, desenvolvemos algumas ferramentas de *marketing* e avaliamos as tendências atuais e futuras para espaços de esporte e lazer. Por fim, apresentamos a última oficina temática, que conta com a formulação de um índice de sustentabilidade dos espaços-objeto desta obra.

Boa leitura!

Como aproveitar ao máximo este livro

Empregamos nesta obra recursos que visam enriquecer seu aprendizado, facilitar a compreensão dos conteúdos e tornar a leitura mais dinâmica. Conheça a seguir cada uma dessas ferramentas e saiba como estão distribuídas no decorrer deste livro para bem aproveitá-las.

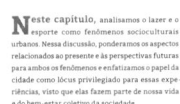

Introdução do capítulo

Logo na abertura do capítulo, informamos os temas de estudo e os objetivos de aprendizagem que serão nele abrangidos, fazendo considerações preliminares sobre as temáticas em foco.

procedimentos operacionais e instalar novas tecnologias projetadas para reduzir o montante de energia necessário para a operação. (Sawyer, 2005, p. 176, tradução nossa)

Já é corrente o conceito de "prédio inteligente", no qual sistemas informatizados controlam o funcionamento de algumas ações. Os espaços de esporte e lazer devem, hoje e no futuro, ser inteligentes, com sistemas que controlam o uso da água e dos elevadores, o consumo de energia e a iluminação artificial das áreas abertas e fechadas, por exemplo.

Os recentes enfoques ambientais contribuem para isso, conforme podemos observar na arquitetura e na engenharia sustentáveis.

Fique atento!

A certificação Leadership in Energy and Environmental Design (LEED), concedida pela organização não governamental Green Building Council - representada por 21 países, incluindo o Brasil -, é concedida a edificações que seguem critérios comprovados de redução de insumos de origem natural (energia, água etc.) e de resíduos gerados (lixo seco, esgoto etc.). Empreendimentos futuristas em esporte e lazer devem seguir tais critérios e obter a Certificação LEED.

Essas providências devem ser consideradas e enquadradas no processo de planejamento dos espaços de esporte e lazer, os quais consomem recursos naturais e produzem resíduos de várias espécies. Devem ser parte de sua concepção, de seu projeto, de sua construção e operação. Podemos citar como exemplo a instalação de um sistema de ar-condicionado central projetado para aquecer a água – a água aquecida é essencial para vestiários e piscinas cobertas –, que se constitui em uma medida efetiva e eficaz de redução de consumo de energia e de diminuição de custos de funcionamento.

Fique atento!

Ao longo de nossa explanação, destacamos informações essenciais para a compreensão dos temas tratados nos capítulos.

---

de construções; segundo, determinados traços sociais da população; terceiro, determinada dimensão". Entre os traços sociais da população podemos citar as atividades econômicas típicas do local e os estatutos legais. Como exemplo de dimensões podemos considerar as características geográficas e o número de habitantes – na França, por exemplo, o número básico de habitantes é de 2 mil para que um núcleo habitado possa ser considerado uma cidade.

Os mesmos autores observam que

> Caso se queira evitar essas dificuldades, é bom partir de uma ideia que permita encontrar o que geógrafos, demógrafos, sociólogos, economistas, etnólogos e historiadores apontam nos estudos que consagraram às realidades urbanas: a cidade nasce das necessidades de interação das pessoas e das vantagens que ela proporciona; ela se encontra limitada pelas restrições que pesam sobre a vida relacional ou pelas desvantagens que faz nascer. A cidade nasce fundamentalmente de funções centrais de troca, de confrontação ou de encontro coletivo. Aqueles que participam permanentemente devem se alojar tão perto quanto possível do teatro onde se desenrola grande parte ou a totalidade de sua vida ativa; assim se constituem nesses espaços integrados, ou em volta, centros urbanos próprios, para os residentes, áreas de jogos, de lazer e de descontração, indispensáveis fora das horas de ofício. Os motivos de interação variam ao infinito, o que explica a extraordinária diversidade das cidades. (Merlin; Choay, 1988, p. 706, tradução nossa)

Tais descrições harmonizam com os dois exemplos de interação social indicados a seguir.

Para refletir

Os moradores de uma rua em um bairro da Zona Sul da capital de São Paulo, aproveitando um antigo projeto de Rua de Lazer (1976-1980), iniciativa criada pela Secretaria Municipal de Esporte, lançaram a proposta, em 2017, da Rua sem Wi-Fi. Para a realização desse projeto, eles fecham um trecho da via pública aos domingos e o ocupam com atividades e brinquedos tradicionais. Em uma típica ação comunitária, de gestão autônoma, os moradores

Para refletir

Aqui propomos reflexões dirigidas com base na leitura de excertos de obras dos principais autores comentados neste livro.

Importante!

Algumas das informações centrais para a compreensão da obra aparecem nesta seção. Aproveite para refletir sobre os conteúdos apresentados.

Síntese

Ao final de cada capítulo, relacionamos as principais informações nele abordadas a fim de que você avalie as conclusões a que chegou, confirmando-as ou redefinindo-as.

Indicações culturais

Para ampliar seu repertório, indicamos conteúdos de diferentes naturezas que ensejam a reflexão sobre os assuntos estudados e contribuem para seu processo de aprendizagem.

Atividades de autoavaliação

Apresentamos estas questões objetivas para que você verifique o grau de assimilação dos conceitos examinados, motivando-se a progredir em seus estudos.

Atividades de aprendizagem

Aqui apresentamos questões que aproximam conhecimentos teóricos e práticos a fim de que você analise criticamente determinado assunto.

Curiosidade

Nestes boxes, apresentamos informações complementares e interessantes relacionadas aos assuntos expostos no capítulo.

Bibliografia comentada

Nesta seção, comentamos algumas obras de referência para o estudo dos temas examinados ao longo do livro.

AZEVÊDO, P. H.; BRAMANTE, A. C. **Gestão estratégica das experiências de lazer**. Curitiba: Appris, 2017.

Esse trabalho coletivo contempla textos produzidos por vários autores no 27º Encontro Nacional de Recreação e Lazer (Enarel), realizado em 2015 na Universidade de Brasília (UnB). Com 26 capítulos escritos por 38 especialistas, o livro apresenta o conteúdo desenvolvido no evento, fundamento nos diversos interesses culturais referentes ao lazer, nas distintas dimensões da gestão desse segmento e no lócus em que as experiências de lazer ocorrem.

CASTELLS, M. **A questão urbana**. Rio de Janeiro: Paz e Terra, 2000.

Como informa a apresentação do livro, o autor "rompe com a tradição sociológica funcionalista e positivista e traz para o campo da análise do conflito de classes as lutas e os problemas urbanos" (Castells, 2000). Trata-se de outra obra importante sobre o tema, a qual apresenta forte influência tanto no cenário nacional quanto no internacional.

COSTA, T. A. da; PIMES]R., A. R. (Org.). **Lazer e recreação**: conceitos e práticas culturais. Rio de Janeiro: WAK, 2018.

Essa coletânea, composta por 26 capítulos escritos por 34 autores, propõe desbravar as possibilidades de intervenção em diferentes áreas do lazer, da recreação e do entretenimento, analisando e criticando os processos de implantação e desenvolvimento de atividades e de experiências em diferentes contextos e situações operacionais.

Introdução

Os espaços de esporte e lazer estão atrelados à sociedade, aos costumes e aos ambientes, visto que fazem parte do cotidiano das pessoas e das comunidades. Por exemplo, entramos no parque *flanando*[1], reparando ociosamente na mudança do ambiente – que contempla desde a rua barulhenta e poluída até uma área com árvores, arbustos, flores e pássaros –, e dele saímos com a mesma atitude, sem imaginar que ele foi criado em algum momento do processo civilizatório.

As origens desses espaços, que têm como finalidade a prática esportiva e as experiências de lazer, remontam à Antiguidade Clássica – Grécia e Roma, no caso do mundo ocidental. No que diz respeito a outras regiões, como Ásia e África, ainda faltam estudos que indiquem quando foram criados os primeiros ambientes dessa natureza. Ainda assim, é válido ressaltarmos que jardins, parques, locais para práticas esportivas, tabernas e espaços para festas e festividades existem há milênios no mundo inteiro, o que define um amplo campo para estudos e pesquisas sobre o tema.

Os gregos edificaram os ginásios (*gymnásion*, no idioma original) para as atividades físicas e os espetáculos teatrais. Mais

---

[1] Do verbo francês *flaner*, que significa passear sem rumo previamente escolhido, sem compromisso definido. O termo foi popularizado pelo poeta Charles Baudelaire no texto *Le peintre de la vie moderne*, publicado pelo jornal *Le Figaro* em 1863.

tarde, os romanos construíram as termas públicas, com piscinas de água fria e quente; as áreas de convivência social e de exposição de obras de arte; e os anfiteatros, que apresentavam um novo conceito para a época. Além disso, eles implantaram teatros gregos em todas as regiões do império, o que esclarece por que muitas dessas instalações existem até hoje, sendo que algumas ainda são utilizadas para espetáculos cênicos e musicais.

A partir do século XVIII, a urbanização do mundo – proveniente do processo de Revolução Industrial (ca. 1760-1840) – levou as cidades a implantarem praças[2], jardins, parques, teatros no estilo italiano, casas de ópera, salões de dança social (como os de valsa, populares na Viena do século XIX), parques de diversão, hotéis de lazer, cafés e bares, ginásios modernos, estádios especializados em modalidades esportivas (hoje multifuncionais), piscinas públicas, parques aquáticos e assim por diante.

Todos esses espaços, desde o início, foram administrados de modo operacional, e a história pouco informa a respeito disso. O resultado de tal processo evolutivo se apresenta concreta e construtivamente por meio de equipamentos de esporte e lazer distribuídos pelos tecidos urbanos das cidades, completados por outra criação moderna, mas igualmente com raízes no passado multissecular: as áreas de conservação ambiental, geralmente situadas no meio rural.

Quem administra esses espaços de esporte e lazer? Como procedem? Que métodos e processos de gestão utilizam? Esse conhecimento está devidamente registrado em textos publicados de cunho científico?

Para respondermos a essas questões, estabelecemos o seguinte objetivo: registrar, de maneira didático-pedagógica, um conjunto de processos, métodos e modelos para a gestão dos

---

[2] Termo de origem grega (*ágora*) que, posteriormente, influenciou conceitualmente as *piazzas* italianas da Renascença.

espaços de esporte e lazer. Há também outras duas finalidades complementares: provocar debates e discussões sobre o tema e estimular a elaboração de outras publicações sobre o assunto para criar um acervo consistente de conhecimentos e experiências.

Capítulo 1

Espaços e equipamentos de esporte e lazer: análise do passado, desafios do presente e perspectivas para o futuro

Neste capítulo, analisamos o lazer e o esporte como fenômenos socioculturais urbanos. Nessa discussão, ponderamos os aspectos relacionados ao presente e às perspectivas futuras para ambos os fenômenos e enfatizamos o papel da cidade como lócus privilegiado para essas experiências, visto que elas fazem parte de nossa vida e do bem-estar coletivo da sociedade.

1.1 Lazer como fenômeno sociocultural urbano

Luiz Wilson Alves Corrêa Pina

O lazer está presente em nossa sociedade e na civilização moderna em todos os momentos do cotidiano. Antes de pensarmos nos espaços de esporte e lazer, tema da presente obra, devemos examinar as atividades e as experiências desse amplo setor sociocultural – as quais fazem parte de nossa vida – associadas a todas as outras formas de vivência social e individual de nosso tempo.

1.1.1 Mudanças socioculturais e lazer

Vivemos em uma época de mudanças de toda ordem e que influenciam a organização e a vida das sociedades. As modificações sociopolíticas, socioeconômicas, socioculturais, socioambientais e tecnológicas das últimas décadas do século passado e do início deste século produziram e provocaram alterações em atitudes, comportamentos, interesses e estilos de vida individuais e coletivos. Como componente da realidade social, o campo do lazer passou inevitavelmente pelo mesmo processo, influenciado pelas macrovariáveis enunciadas. Uma das transformações daí decorrentes foi a passagem da **atividade de lazer** para a **experiência de lazer**.

As práticas do lazer evoluíram da atividade mais simples (ação com um interesse ou uma finalidade) à mais complexa (várias ações motivadas por diversos interesses e fins), passando a servir como estímulo e exercício de sentidos, percepções, memória e conexões com os outros, com a cultura e com os ambientes. A compreensão, o entendimento e a abordagem de organizações, gestores e profissionais, em todos os níveis de atuação, devem incorporar essa variação qualitativa nas atitudes das pessoas e dos grupos sociais.

Como nos demais setores da existência humana, o lazer ainda passará por outras mudanças nas próximas décadas, mas com uma característica adicional em comparação com outras épocas: graças aos novos recursos tecnológicos, aos meios de comunicação e à sociedade do conhecimento e da informação, existe a possibilidade real de inventar o futuro, de estruturar de modo mais inteligente as sociedades nas quais queremos viver e com as quais queremos conviver. O mundo do lazer será influenciado por muitas variáveis, algumas das quais são ponderadas neste texto.

1.1.2 Novo mundo do trabalho: novo tempo social

Desde a Revolução Industrial até o presente, o mundo do trabalho passou por importantes transformações quantitativas e qualitativas. No caso quantitativo, a carga horária de trabalho diminuiu de modo significativo entre 1900 e 1960, aproximadamente, desacelerando ainda mais a partir dos anos 1970. De maneira qualitativa, as mudanças foram amplas e intensas nos sistemas e processos de produção, logística, distribuição e comercialização; nas estruturas dos tempos funcionais; na comunicação; nos meios de transporte; na aquisição de bens materiais; no uso de recursos; na globalização econômica e tecnológica; e na revolução digital.

A Organização para a Cooperação e o Desenvolvimento Econômico (OCDE) informa anualmente os resultados de pesquisas realizadas em seus países-membros (35 no total) sobre a média da carga anual de trabalho apurada nas respectivas populações. De acordo com Roser (2019) e dados registrados pelo OCDE Statistics (2019), departamento de estatística da OCDE, a evolução da carga horária anual de trabalho entre 1950 e 2016 é a seguinte:

- 1950: 2.249 horas
- 2000: 1.829 horas
- 2016: 1.763 horas

Tendo em vista o tempo total de um ano (8.760 horas), é possível constatar que em 1950, 25,57% do tempo era dedicado ao trabalho; em 2000, esse percentual passou para 20,87%; e em 2016, para 20,12%. A redução no período entre 1950 e 2016 foi de 21,61%. Em resumo, a média dos países que fazem parte da organização é de um quinto do tempo anual, restando quase 80% do tempo para outros afazeres e atividades.

O menor tempo de trabalho foi registrado nos seguintes países:

- 1950 – Suécia: 1.871 horas
- 2000 – Alemanha: 1.452 horas
- 2016 – Alemanha: 1.363 horas

Na Suécia de 1950, 21,35% do tempo anual era dedicado ao trabalho; na Alemanha, em 2000, essa proporção foi de 16,56%; e na Alemanha de 2016, de 15,56%. A redução entre 1950 e 2016 foi de 27,16%.

Segundo estudo do Federal Reserve Bank of St. Louis, dos Estados Unidos (Average..., 2016), reproduzido em trabalho conjunto com a Universidade de Groningen e a Universidade da Califórnia, a carga média anual de trabalho no Brasil foi de 1.711 horas em 2014, 19,53% do tempo total do ano, proporção de tempo social que se aproxima da média da OCDE; com isso, o brasileiro médio também tem cerca de 80% do tempo anual liberado para as demais atividades.

As previsões para o futuro são de redução de carga anual de trabalho mais rápida nas sociedades em desenvolvimento e mais lenta nas mais desenvolvidas, até que os dois grupos se aproximem gradativamente nas próximas décadas. De maneira geral, esse fenômeno aumentará a influência dessa última variável sobre a demanda por atividades e experiências de lazer, com possível aumento de procura e pressão maior sobre a oferta desse tipo de serviço.

Ambos os fatores, quantitativo e qualitativo (estreitamente associados), alterarão de modo notável os tipos de uso do tempo social. Algumas ocupações profissionais desaparecerão ou mudarão, ao passo que outras surgirão, como já ocorre. Além disso, a distribuição do tempo social entre as diferentes atividades humanas se transformará cada vez mais, com consequências diretas sobre o lazer das pessoas e das sociedades.

1.1.3 Evolução da qualidade de vida

Conforme é possível constatar nos relatórios anuais do Programa das Nações Unidas para o Desenvolvimento (PNUD), com a criação do índice de desenvolvimento humano (IDH), a qualidade de vida melhorou em grande parte do mundo no século XX e na primeira década do século XXI. Isso se deve aos avanços da medicina, do saneamento, da ciência, da tecnologia, da educação, da informação e dos meios de comunicação, bem como à influência basilar do pensamento humanista e iluminista, que postulou o compartilhamento universal dos benefícios provenientes do progresso humano.

Atualmente, parte considerável da humanidade desfruta de um padrão de vida com boa qualidade social, econômica e cultural, restando ainda melhorar e aperfeiçoar as qualidades política e ambiental. Ainda assim, é importante salientarmos que persistem muitas desigualdades dentro de cada país e entre as diversas nações do planeta.

O problema da desigualdade leva o mundo inteiro a um impasse civilizatório: como aproximar todos os povos do mesmo patamar qualitativo sem comprometer irremediavelmente os recursos do planeta? Nesse padrão qualitativo estão presentes o lazer e o esporte, os quais devem ser associados aos demais fatores socioculturais. A tendência para o futuro, se superado o mencionado impasse, é o aprimoramento da qualidade de vida de muitas sociedades, desde que, evidentemente, sejam aperfeiçoadas as gestões dos recursos coletivos e as estruturas de sustentação social e econômica – até mesmo no caso brasileiro.

1.1.4 Definição e expansão das políticas públicas

No caso especial do Brasil, as políticas sociais iniciadas na primeira metade do século XX receberam um grande impulso com a Constituição de 1988 (Brasil, 1988). Várias políticas públicas nas áreas sociais foram implantadas ou ampliadas, incluindo setores relacionados ao lazer e ao esporte. Genericamente, os pontos fracos dessas políticas ainda persistem, como qualidade desigual social e geográfica, dificuldades de acesso por parte da população, frequente descontinuidade em muitas situações e setores e pouco profissionalismo na gestão e na operação dos serviços sociais para a população.

Mesmo com todas as conhecidas dificuldades e deficiências, o país dispõe hoje de uma estrutura ponderável de políticas públicas nas áreas relativas ao lazer. Todavia, elas precisam de expansão e aperfeiçoamento técnico e profissional, bem como apresentar melhor integração entre planos, programas e projetos nas três instâncias da Administração Pública, em sua execução e avaliação. Ainda assim, podemos indicar alguns pontos fortes: quadro de profissionais bem preparados ampliado; bom acervo de pesquisas e estudos; visão moderna e atualizada sobre o lazer nos meios profissionais e acadêmicos; e quantidade significativa de boas experiências de gestão.

A tendência prospectiva é que, por pressão popular, essas políticas públicas sejam aprimoradas nas próximas décadas; para isso, a distribuição espacial pelo território, com 5.570 municípios, deve ser melhorada. Os profissionais e acadêmicos das áreas relacionadas direta e indiretamente ao lazer, como psicólogos, arquitetos, geógrafos e ecologistas, devem ser consultados e incorporados aos processos de maneira mais frequente, com expectativas para o presente e tendências para o futuro.

Como requisitos, ressaltamos a necessidade de se utilizar a estrutura disponível no país em equipamentos de lazer e de valorizar profissionais e acadêmicos dessas áreas. As experiências realizadas servem para melhor empregar os métodos de ação comunitária para incorporar de maneira democrática os interesses e as práticas da população às políticas públicas.

1.1.5 Características demográficas do Brasil

Em 1950, um terço da população mundial vivia nas cidades. De acordo com o relatório World Cities Report 2016, elaborado pelo Programa das Nações Unidas para os Assentamentos Humanos (UN-Habitat – United Nations Human Settlements Programme), "em 1990, 43% da população mundial vivia em áreas urbanas; em 2015, esse indicador aumentou para 54%" (UN-Habitat, 2016, p. 6, tradução nossa). Como você pode perceber, atualmente, pela primeira vez na história, mais da metade dos habitantes do planeta reside nas cidades, as quais, ao longo de vários milênios de evolução, ganharam suma importância nas questões sociais, econômicas, políticas, culturais e ambientais.

O Brasil acompanhou a evolução da demografia mundial: a urbanização nacional passou de 31,24% em 1940 para 84,70% em 2015, segundo o Instituto Brasileiro de Geografia e Estatística (IBGE, 2016). A expectativa de vida no país, que era de 43,3 anos em 1950, atingiu 75,8 anos em 2014, e o bônus demográfico deve passar pelo ponto de inflexão em 2024 (IBGE, 2016). Estima-se que o Brasil terá a sétima população do mundo em 2050, com 250 milhões de habitantes – atualmente, estamos na quinta posição.

O Brasil conta com uma população urbana ainda jovem, mas em lento e progressivo envelhecimento. Além disso, sua vastíssima rede urbana tem muitos problemas graves de qualidade e de distribuição de recursos e infraestrutura. Podemos, em função desses fatores, inferir prospectivamente que, por pressão popular (e democrática), as cidades terão de melhorar sua estrutura de recursos e de serviços, pois a qualidade de vida urbana é determinante para o bem-estar social. Também prospectivamente, o lazer será urbano, jovem e adulto até a metade do século XXI, além de significativamente influenciado pela terceira idade, visto que atualmente temos a maior expectativa de vida da história da civilização.

1.1.6 Estrutura de oferta em lazer e em recreação

Ao longo de muitas décadas, foi implantada no Brasil uma razoável estrutura física pública, privada e do terceiro setor para o lazer e áreas afins, como o esporte, as artes e o turismo, muitas vezes oferecidos pelo Serviço Social do Comércio (Sesc) e pelo Serviço Social da Indústria (Sesi). Existe igualmente uma oferta ponderável de programas, atividades e eventos, como festivais em várias modalidades culturais.

Essa rede está mal distribuída no território, nos estados e nas cidades. A qualidade dos recursos físicos e humanos também varia muito: além dos equipamentos urbanos, deve ser considerado o Sistema Nacional de Unidades de Conservação (Snuc), cujas unidades oferecem um imenso potencial ainda não explorado para lazer, recreação e várias práticas esportivas, como esportes radicais e de aventura.

Antecipadamente, pode-se esperar por melhor conservação dos recursos físicos, reformulação e modernização, bem como o uso mais intensivo e articulado de programas elaborados e executados de modo profissional, com expansão do atendimento à população. Se aperfeiçoadas as estruturas de recursos e aprimorados os serviços de oferta, conforme expectativas e necessidades, poderá ser suprida grande parte das crescentes exigências quantitativas e qualitativas da população em esporte e lazer, conforme as novas tendências. O principal requisito é maior participação do quadro profissional existente no Brasil em formação e qualificação.

1.1.7 Conclusões e observações

O universo do lazer e da recreação é muito maior e mais diversificado do que imaginamos. O cenário futuro para as próximas décadas aponta para um novo uso do tempo social, com redução lenta do tempo de trabalho, ano a ano, mas com mudanças tecnológicas que já estão transformando e modificando cada vez mais a relação entre as tarefas produtivas e a distribuição do tempo necessário para cumpri-las.

Por exemplo, há uma forte tendência para aumentar a proporção do trabalho a domicílio, o que evitará a perda de tempo com deslocamentos pelas cidades; o aperfeiçoamento de equipamentos domésticos para a vida cotidiana reduzirá o tempo dedicado aos cuidados com a residência; a comunicação cada vez mais rápida e mais fácil agilizará os contatos e as conexões profissionais, produzindo novas sobras de parcela de tempo; as experiências de esporte e lazer não serão rigidamente divididas em um bloco único de tempo, mas em vários segmentos diários, com a liberação de mais horários para sua prática.

Esse mesmo cenário aponta para a necessidade urgente de adoção de processos de formação de público, principalmente para estimular a participação ativa das pessoas em horários distribuídos ao longo do dia, da semana e do mês, assim como para reduzir o distanciamento entre quem organiza e programa a oferta de experiências e seu público frequentador e usuário dos serviços disponíveis.

As atividades e as experiências de lazer serão cada vez mais digitais, e essa realidade estimula o seguinte questionamento: se as fronteiras entre o espaço físico e o espaço virtual se diluem, misturam-se e se confundem, como ficará o tradicional paradigma do público frequentador que recebe a informação, segue a programação e participa das atividades, geralmente como espectador ou como simples usuário da instalação física (piscinas, quadras)? Ocupará sempre uma posição secundária de receptor diante dos profissionais da área que tudo organizam e providenciam?

1.2 Esporte como fenômeno sociocultural urbano: breve análise da relação entre esporte e lazer

Marcos Ruiz da Silva

O esporte é um fenômeno socialmente construído. Cada sociedade atribui valores e sentidos na relação com esse objeto.

Apesar de o campo esportivo contar com agentes e instituições bem definidos, existe uma inter-relação com o campo do lazer muito íntima. Para um gestor que atua no campo do esporte e lazer, é primordial conseguir compreender esse fenômeno e seus múltiplos sentidos.

1.2.1 Esporte como prática cultural

Compreender o esporte como uma manifestação cultural, com suas interfaces políticas, sociais e econômicas, avaliando suas relações com o lazer, permite ao gestor a elaboração de uma visão estruturada de seu negócio – aliás, trata-se de uma condição essencial para o gerenciamento de espaços e equipamentos de esporte e lazer. O gestor precisa conhecer o esporte como fenômeno e suas diferentes manifestações, as quais estão intimamente conectadas com a vida de toda a sociedade, para conseguir ter um panorama geral e conhecer a especificidade das modalidades com que trabalha, sem desconsiderar sua ligação com uma visão global.

Independentemente de haver diferentes pontos de vista na classificação do que é esporte, na sociedade do século XXI estão mais marcadas as particularidades que o configuram. Assim, é comum as pessoas identificarem o voleibol, o futebol ou o basquetebol, por exemplo, como modalidades esportivas, diferenciando-as de outras práticas corporais, como jogos e brincadeiras realizadas por crianças, jovens e adultos.

A ideia do que é esporte faz parte de um movimento de racionalização e sistematização dos jogos populares que remete à diversão da nobreza da Inglaterra do século XIX. Nessa época, a "regulamentação" das atividades lúdicas contou com a influência dos valores da Revolução Industrial (como a precisão e orientação para o resultado), os quais foram propagados por todo o mundo (Sigoli; Rose Jr., 2004).

Vários estudiosos (Hobsbawm; Ranger, 1984; Magnani, 1969; Gutmann, 1978) se debruçaram sobre o estudo do esporte como um fenômeno moderno, pois o termo é complexo e passível de diversas interpretações. Entre as possibilidades de entender o esporte moderno, podemos destacar a concepção de Marchi Jr. (2005, p. 129), que o considera "uma atividade física regrada e competitiva, em constante desenvolvimento, construída e determinada conforme a dimensão sociocultural e, finalmente, em franco processo de profissionalização".

Mesmo diante dessa perspectiva, é pertinente ressaltarmos que aceitar uma única definição de esporte como definitiva pode ser restritivo à interpretação desse objeto como um fenômeno universal das sociedades modernas. Mesmo porque a própria dinâmica da vida social no século XXI tem apresentado manifestações que estão ganhando o contorno de uma modalidade esportiva, como é o caso do **eSport** (esporte eletrônico), que será abordado em seções posteriores desta obra.

Além disso, há práticas, como o xadrez, que, além do visível predomínio do esforço mental, apresentam uma administração esportiva com critérios de funcionamento, como os esportes com características predominantemente físicas. Há uma entidade de administração esportiva, com ligas, confederações e federação internacional, que faz a governança dessas modalidades – e dentro dos mesmos parâmetros dos demais esportes, como a secularização.

É fundamental que o gestor olhe para as diversas possibilidades de compreensão do esporte como fenômeno contemporâneo e ainda aceite sua associação com o jogo, a diversão, o prazer, a competição e a brincadeira. Encarar a situação dessa maneira permite ao profissional enxergar tendências e a forma como as pessoas se relacionam com as práticas esportivas e desenvolver um trabalho articulado com as expectativas e necessidades de seu público consumidor, usuário ou clientela.

1.2.2 Esporte e sociedade contemporânea

Pensar o esporte e sua relação com a sociedade de maneira mais geral pressupõe imediatamente sua interface com as esferas política, econômica e social. Assim, sua condição de existência também está atrelada aos usos políticos dos esportes nas mais diversas ideologias, seja para a divulgação da identidade de uma nação, seja para o desenvolvimento social das pessoas.

Encarar a conexão entre essas dimensões e o esporte evidencia também sua relação com o mercado, conhecido como *indústria do esporte*, tendo em vista a cadeia produtiva que gera bens e serviços – como equipamentos esportivos (bolas, redes, bicicletas), vestuário, nutrição específica (suplementos alimentares, bebidas isotônicas), tecnologia (aplicativos, *softwares*) e equipamentos próprios (clubes, academias e outros centros esportivos) – e a constituição de um mercado de trabalho que exige um profissional habilitado para atuar na área de gestão, preparação esportiva, treinamento e outras atividades (Martins, 2010).

É relevante apresentarmos também a forte influência que a prática esportiva sofre em virtude de interesses econômicos. Não é incomum que o horário de uma partida de futebol em um campeonato nacional seja adequado aos interesses comerciais da empresa de televisão que detém os direitos de exibição. Esse poderio também acarreta mudanças nas regras dos jogos ou mesmo no funcionamento de determinada modalidade esportiva – e algumas dessas alterações podem apresentar características desfavoráveis à prática esportiva (Sigoli; Rose Jr., 2004).

O esporte como uma atividade socialmente construída reflete os modos de vida e de produção da sociedade, representando valores e costumes. Ele está presente na vida cotidiana – na escola, nas empresas, nos parques e nas praças, nos clubes, na televisão, na internet – sob uma pluralidade de sentidos atribuídos à sua prática. Em linhas gerais, o esporte é uma manifestação complexa, e o estado brasileiro reconhece sua prática em quatro dimensões (Brasil, 1998b):

1. **Esporte educacional ou escolar**: praticado nas escolas, trata-se de uma dimensão imprescindível para a formação da cidadania e da compreensão da prática do lazer sob o princípio da inclusão. Nesse caso, a hipercompetitividade e a seletividade não são fatores compatíveis.

2. **Esporte de participação ou de lazer**: praticado de modo mais flexível, tem como princípio a plenitude da vida social. É praticado de modo voluntário na promoção da saúde, da educação e do bem-estar social.
3. **Esporte de rendimento**: direcionado à profissionalização, tem caráter mais rigoroso no cumprimento de regras e de normas gerais dos órgãos nacionais e internacionais de administração esportiva, tendo como objetivo a máxima *performance* do atleta ou da equipe.
4. **Esporte de formação**: associado ao fomento e à prática esportiva que garante a competência técnica para a prática recreativa competitiva ou de alta competição.

Apesar de ser possível sugerir que o esporte seja compreendido com base em outras dimensões, o exercício que um gestor precisa fazer em sua apropriação é estabelecer as relações de interinfluência que existem entre elas. Se essa inter-relação for enquadrada em uma cadeia produtiva, como em um ciclo virtuoso, o esporte e o lazer, mediante a dimensão da participação, poderá promover o hábito da prática esportiva em diferentes grupos demográficos, contribuindo para que as pessoas aprimorem qualidades físicas e técnicas e promovendo oportunidades àqueles que se interessam por seguir profissionalmente alguma modalidade.

A prática esportiva, por meio do consumo do espetáculo esportivo, também pode ser estimulada nas pessoas comuns que buscam entretenimento. Esse movimento gera a oportunidade de manutenção de equipes esportivas profissionais em diversos negócios que são gerados pela aquisição de produtos (roupas, acessórios, alimentos) e serviços (frequência em academias, clubes, ingressos para jogos) associados ao esporte.

Além disso, o esporte de rendimento tem o potencial de motivar os indivíduos, seja para seguir carreira, seja para entretenimento. Nessa perspectiva, o esporte educacional realizado na escola, além de ser um dinamizador do esporte de lazer – visto que educa as crianças para a prática esportiva –, pode despertar o interesse pelo esporte de rendimento.

Figura 1.1 Dimensões esportivas

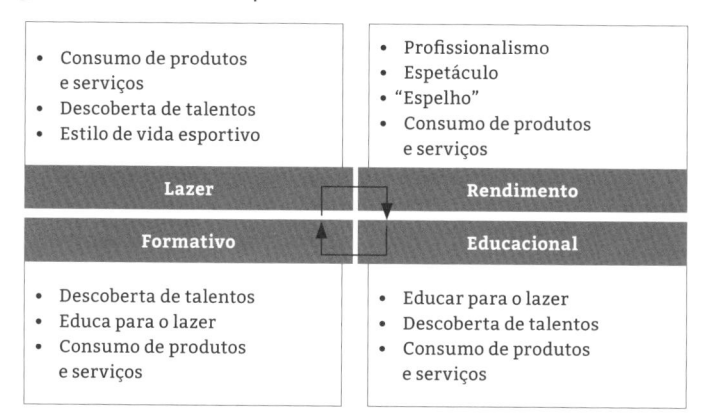

Lazer	Rendimento
• Consumo de produtos e serviços • Descoberta de talentos • Estilo de vida esportivo	• Profissionalismo • Espetáculo • "Espelho" • Consumo de produtos e serviços
Formativo	**Educacional**
• Descoberta de talentos • Educa para o lazer • Consumo de produtos e serviços	• Educar para o lazer • Descoberta de talentos • Consumo de produtos e serviços

No esquema apresentado na Figura 1.1, é possível identificarmos cada uma das quatro dimensões do esporte e o fluxo do movimento que acontece quando um indivíduo estabelece uma postura diante da pratica esportiva. Assim, quando um sujeito resolve ocupar seu tempo livre com a participação em atividades esportivas para diversão (esporte-lazer), ele acaba se inserindo em um universo de consumo dos produtos esportivos, seja assistindo um espetáculo esportivo em um estádio, seja competindo em um evento esportivo.

Essa prática pode permitir a descoberta de pessoas com pré-disposição emocional e habilidades técnicas para a prática do esporte direcionado à profissionalização. Além disso, as atividades esportivas no tempo livre podem se constituir como um estilo de vida por toda a longevidade do indivíduo.

1.2.3 Esporte e organizações do tempo

Outra competência que o gestor da área de esportes e lazer precisa dominar é a identificação da missão da organização em que atua (com vínculo empregatício ou como empreendedor), a fim de definir sua política de atuação. Nesse sentido, o esporte precisa ser enxergado com um negócio que deve ser gerido, e isso não está restrito a grandes eventos ou ao trabalho com equipes de atletas profissionais, devendo se estender aos espaços esportivos da comunidade, como clubes, academias, centros esportivos e centros comunitários, independentemente do setor a que pertence a organização (público, privado ou terceiro setor).

1.3 Esporte e lazer: desafios do presente e perspectivas futuras

O esporte é somente uma entre as inúmeras possibilidades de consumo na área de lazer. Apesar disso, as formas e os conteúdos esportivos são significativamente expressivos em quantidade e qualidade de práticas.

As alternativas de experiências de lazer esportivo são inúmeras, e o público que se envolve com essas opções apresenta um caráter heterogêneo, atribuindo sentidos e significados distintos a cada modalidade.

Por isso, precisamos analisar alguns elementos da complexidade do mundo atual e como os diversos fatores de mudança interferem no esporte e no lazer, a fim de que seja possível examinar alguns desafios do presente e projetar algumas perspectivas futuras.

Primeiramente, devemos esclarecer que existem mudanças de caráter mais geral, ou global, e mudanças mais localizadas – e as duas coexistem mediante uma relação de interinfluência. Contudo, a perspectiva mais ampla permite demonstrar um cenário mais diversificado, no qual o gestor será capaz de estabelecer relações com o microambiente e ficar atento às mudanças culturais e sociais que estão ocorrendo.

1.3.1 Gestão de esporte e lazer

O primeiro aspecto que pode ser tratado como desafio é justamente olhar para a formação do gestor esportivo e de lazer, especificamente para a formação continuada. Nessa categoria entram os programas de treinamento promovidos de forma sistemática pela própria empresa e a formação acadêmica – por exemplo, participação em programas de pós-graduação para o desenvolvimento e o aperfeiçoamento de determinadas competências. Além disso, é importante ressaltarmos a importância de se montar uma equipe multidisciplinar de gestão, pois há uma diversidade de habilidades que precisam ser trabalhadas.

As competências específicas estão relacionadas ao desenvolvimento de habilidades que estão diretamente relacionadas ao cumprimento de tarefas rotineiras, como controle de fluxos e processos administrativos, no caso do gestor. De acordo com a função que cada profissional desenvolve dentro da estrutura organizacional, pode-se incluir tarefas como: manutenção e controle de materiais e equipamentos, atendimento ao cliente, estratégias pedagógicas para aplicação de treinos esportivos e programação e manutenção de *softwares* e aplicativos.

Entre as competências mais genéricas estão aquelas que permitem que o profissional – independentemente da função ou do setor – relacione suas atividades específicas, realizadas de maneira rotineira, à missão da empresa. Nessa perspectiva, um profissional da manutenção, que tem como tarefa fazer a limpeza de uma piscina, poderá analisar as expectativas criadas pelo cliente com relação àquele espaço para conduzir melhor sua função. Essa articulação entre o saber específico do profissional e a compreensão da missão da empresa é o grande desafio do segmento esportivo e de lazer.

É válido destacarmos a escassez de programas de treinamento voltados a provocar reflexões em professores, técnicos, atendentes, gestores, diretores, técnicos de informática, pessoal de apoio e suporte (limpeza, segurança), entre outros, sobre a essência de sua função. Assim, clientes e usuários de espaços e de equipamentos de esporte e lazer ficam vulneráveis ao que esses profissionais concebem como sua função.

É muito provável que um técnico de futebol profissional, ao ser questionado sobre sua missão, responda que é tornar sua equipe campeã em determinado campeonato ou mesmo em vários torneios; ou que é preparar da melhor maneira possível os atletas para que eles consigam desempenhar com eficiência sua função na equipe e, consequentemente, se sagrar vitoriosos.

Apesar de ser necessária uma melhor contextualização, quando um técnico de futebol afirma em uma entrevista que seu objetivo é "trazer a equipe de volta ao futebol para o torcedor e as pessoas que gostam", isso demonstra que seu negócio é entretenimento, diversão.

1.3.2 Ampliação de perspectivas operacionais e de campos de ação

Outro desafio para o gestor de esporte e lazer é o aumento da expectativa de vida das pessoas. O envelhecimento populacional é uma tendência no século XXI e suas implicações sociais, políticas, econômicas e culturais são expressivas. Estima-se que até o ano de 2050 haverá um sexagenário entre cada cinco pessoas (Ritt, 2007). Apesar disso, cabe ao gestor definir como tratar esse desafio e transformá-lo em oportunidade. Para isso, é necessário que ele conheça profundamente o assunto, a fim de que as ações desenvolvidas sejam efetivas para a integração desse idoso nos espaços de esporte e lazer. Além disso, é preciso reconhecer, diante desse novo cenário, a necessidade de uma nova interpretação quanto à prática esportiva de lazer.

A relação construída com o esporte, conforme afirmam Silveira e Rosa (2010), transcende as motivações ligadas essencialmente à prática da atividade esportiva. No caso dos idosos, há outros elementos que estão vinculados à significativa importância que eles atribuem a esses espaços. De acordo com Dourado (2014), por exemplo, o sucesso da implantação das Academias da Terceira Idade (ATIs) em Maringá (PR) se deve não somente ao ganho de qualidade de vida na velhice, ou seja, à melhoria de condicionamento físico, mas principalmente ao exercício da sociabilidade. Nessa direção, é possível afirmar que o espaço construído para a prática de exercícios físicos se constituiu em um lugar de convivência.

Além desse desafio, o gestor esportivo e de lazer precisa pensar na animação desses espaços com base na lógica de **intergeracionalidade**. Assim, apesar de a capacidade física dos idosos exigir cuidados específicos para a elaboração de programas de exercício físico e esportivo, deve-se considerar a indispensável construção das relações sociais com crianças, jovens e adultos como um princípio relevante.

É importante repensar a maneira como os programas destinados a idosos são concebidos, principalmente quando provocam segregação. A presença de jovens no ambiente ajuda a construir um sentimento de pertencimento no grupo mediante a valorização das relações sociais, algo que supera o desempenho técnico, tático ou o resultado de determinado jogo. O espaço de esporte e lazer deve ser acessível e acolhedor para todas as gerações, e seu planejamento e construção devem prever o acolhimento de todas as idades.

Também é importante destacarmos a intensa propagação de tecnologia digital na vida das pessoas, seja no trabalho, seja no lazer, visto que ela gera a proliferação de jogos virtuais em diversas perspectivas. Essa categoria de jogos permite que:

- uma ou várias pessoas, com um console, joguem individualmente ou em grupos;
- uma ou várias pessoas joguem simultaneamente, *on-line*, de qualquer lugar do planeta.

A geração de nativos digitais, cujo hábito é usar cotidianamente aplicativos de entretenimento em variados ambientes, encontra uma diversidade de jogos alusivos ao esporte em computadores, aplicativos para *smartphones* etc., os quais têm consumido muitas horas diárias. Mesmo os imigrantes digitais[1] já encontraram nos jogos eletrônicos uma opção sedutora para ocupar diariamente seu tempo livre.

É indispensável que o gestor esportivo e de lazer considere, entre outros fatores, as seguintes perspectivas: (1) o deslocamento do interesse no entretenimento digital para a efetiva prática esportiva; e (2) o crescimento do uso de jogos virtuais sob a lógica do esporte. No primeiro caso, o processo de percepção da prática esportiva pode desencadear o estabelecimento de novas relações, como a construção de novos grupos sociais e do sentimento de pertencimento – isso considerando como princípio que a procura pela prática esportiva não se dá essencialmente por seus benefícios físicos. Já o segundo caso pode ser efetivado pela participação em campeonatos, a fim de ampliar o interesse dos indivíduos em participar coletivamente de experiências esportivas virtuais.

Fique atento!

O cenário esportivo virtual, neste século, conta com campeonatos mundiais, atletas profissionais e até com alguns ídolos, torcidas e um número crescente de fãs dispostos a pagar ingressos para assistir a partidas de campeonatos.

---

[1] Pessoas que nasceram em outro meio e aprenderam a construir conhecimento de maneira diferente e precisam aprender a conviver e a interagir com a cultura digital.

Considerando que as pessoas estão produzindo sentidos e significados para as práticas esportivas e, consequentemente, que o ambiente do esporte e do lazer está sofrendo transformações que precisam ser geridas, seja para a fidelização dos clientes ou usuários, seja para ajudar que essas mudanças sociais sejam constituídas em oportunidades para a definição de novas relações sociais, e não para o isolamento de indivíduos em seus equipamentos eletrônicos.

Existem ainda outros aspectos que precisam ser considerados, como as relações de gênero e as novas configurações familiares. Esses fatores, intimamente ligados aos aspectos indicados anteriormente, estão provocando mudanças na estrutura social brasileira e mundial (Sorj, 2000). Por isso, é preciso que o gestor desenvolva sensibilidade e habilidades para lidar com novas interpretações sobre o lazer esportivo na vida das crianças, jovens, adultos e idosos.

Os espaços de sociabilidade cotidiana, como clubes, centros comunitários de esporte e lazer, academias de musculação e ginástica, centros de treinamento, arenas esportivas e praias, estão inseridos nesse processo de mudanças. Por isso, é importante aceitar que, apesar de o esporte e o lazer fazerem parte dos interesses da indústria do consumo, é preciso levar em conta o papel implícito de bem-estar social.

Ao considerar as novas configurações do núcleo familiar e das relações sociais, é possível pensar na hipótese de que as comemorações dos dias dos pais e das mães, por exemplo, apresentem um sentido mais amplo, como a comemoração do "dia da família", que estaria mais de acordo com as características de novas configurações de família.

1.4 Espaços de esporte e lazer como cenários para interação social e qualidade de vida

Luiz Wilson Alves Corrêa Pina

A vida humana no século XXI está nas cidades e é das cidades: a urbanização da humanidade é um fato incontestável, confirmado por pesquisas demográficas, como visto anteriormente. Se a população urbana já é maior proporcionalmente, a referida tendência continua: a China e a Índia, as duas nações mais populosas do planeta, recentemente têm registrado o aumento do êxodo para as cidades. Europa, América do Norte e Oceania (com exceção de alguns países ou territórios insulares) são continentes plenamente urbanizados, e as Américas do Sul e Central seguem o mesmo processo.

Como visto, segundo o IBGE (2016), 84,7% da população brasileira já reside nas cidades, sendo que os estados de São Paulo e do Rio de Janeiro, os dois mais importantes polos econômicos do país, apresentam um índice de urbanização de 96,6% e 97,4%, respectivamente, situação equivalente à de países europeus desenvolvidos e de grande densidade demográfica.

Confira a seguir o que representa esse fenômeno da civilização, a *urbs*, que existe, pelo menos, desde o quarto milênio antes de Cristo.

1.4.1 Evolução das cidades: meio urbano como cenário da vida social

Dois estudiosos do urbanismo, os franceses Merlin e Choay (1988, p. 706, tradução nossa), caracterizam a cidade da seguinte maneira: "Três condições são indispensáveis para que um estabelecimento humano constitua uma cidade: primeiro, a aglomeração de construções; segundo, determinados traços sociais da população; terceiro, determinada dimensão". Entre os traços sociais da população podemos citar as atividades econômicas típicas do local e os estatutos legais. Como exemplo de dimensões podemos considerar as características geográficas e o número de habitantes – na França, por exemplo, o número básico de habitantes é de 2 mil para que um núcleo habitado possa ser considerado uma cidade.

Os mesmos autores observam que

> Caso se queira evitar essas dificuldades, é bom partir de uma ideia que permita encontrar o que geógrafos, demógrafos, sociólogos, economistas, etnólogos e historiadores apontam nos estudos que consagraram as realidades urbanas: a cidade nasce das necessidades de interação das pessoas e das vantagens que ela proporciona; ela se encontra limitada pelas restrições que pesam sobre a vida relacional ou pelas desvantagens que faz nascer. A cidade nasce fundamentalmente de funções centrais de troca, de confrontação ou de encontro coletivo. Aqueles que participam permanentemente devem se alojar tão perto quanto possível do teatro onde se desenvolve grande parte ou a totalidade de sua vida ativa: assim se conjugam necessariamente interação e moradia; convém também prever, para os residentes, áreas de jogos, de lazer e de descontração, indispensáveis fora das horas de esforço. Os motivos de interação variam ao infinito, o que explica a extraordinária diversidade das cidades. (Merlin; Choay, 1988, p. 706, tradução nossa)

Tais descrições harmonizam com os dois exemplos de interação social indicados a seguir.

Para refletir

Os moradores de uma rua em um bairro da Zona Sul da capital de São Paulo, aproveitando um antigo projeto de Rua de Lazer (1976-1980), iniciativa criada pela Secretaria Municipal de Esporte, lançaram a proposta, em 2017, da Rua sem Wi-Fi. Para a realização desse projeto, eles fecham um trecho da via pública aos domingos e o ocupam com atividades e brinquedos tradicionais. Em uma típica ação comunitária, de gestão autônoma, os moradores executam todos os procedimentos administrativos e logísticos e tomam as providências burocráticas necessárias; assim, as crianças e os adultos ali residentes se divertem.

Uma pequena praça em um bairro residencial de classe média na Zona Oeste da mesma metrópole também serve como exemplo. Em meio a algumas árvores frondosas, aos domingos, os moradores distribuem algumas mesas e cadeiras de plástico e passam o dia trocando figurinhas de álbuns esportivos; aproveitam a ocasião para trocar revistas em quadrinhos, conhecer os vizinhos e combinar outras atividades. Trata-se de outra organização espontânea de gestão autônoma.

Os dois exemplos, conforme você pode perceber, indicam modos para se usufruir do espaço público urbano de forma interativa.

De acordo com Castells (2000, p. 182), o "espaço urbano é estruturado, quer dizer, ele não está organizado ao acaso, e os processos sociais que se ligam a ele exprimem, ao especificá-los, os determinismos de cada tipo e de cada período da organização social". Essa observação é completada por Merlin e Choay (1988, p. 707, tradução nossa): "A organização das interações impõe ao espaço urbano uma certa lógica: aquela da oposição dos setores centrais, onde se desenvolve o essencial das interações, e dos bairros periféricos dedicados à residência".

Essas configurações são geralmente entendidas como o desenho urbano, que é o traçado das espacialidades que, articuladas de acordo com os múltiplos interesses que a formatam, compõem a cidade. Historicamente, nas cidades antigas, esses traços seguiam o acaso, conforme cada edificação era erguida, encostada nas construções já existentes, com vias estreitas para permitir a circulação entre elas. Nas primeiras cidades da Mesopotâmia, por exemplo, andava-se pelo teto das construções, onde também estavam as aberturas para o interior, acessado por meio de uma escada. Exceções eram os palácios e os templos, que tinham ruas de acesso e grandes portas de entrada. Com a evolução das cidades, ruas foram desenhadas em formato livre e, posteriormente, em linhas retas, em torno das quais se agruparam as edificações.

Del Rio (1990, p. 54) define o desenho urbano como "o campo disciplinar que trata a dimensão físico-ambiental da cidade, enquanto conjunto de sistemas físico-espaciais e sistemas de atividades que interagem com a população através de suas vivências, percepções e ações cotidianas". Com as cidades gregas, os núcleos urbanos adotaram padrões estéticos e funcionais; segundo Soubrier (2000, p. 283, tradução nossa), seu desenho "traduzia uma concepção estética e política da cidade".

Ainda conforme Soubrier (2000, p. 283, tradução nossa), foi na Grécia Clássica que surgiu o moderno desenho das cidades:

> Os primeiros planos diretores remontam a essa época, dos quais notadamente se destaca o modelo milésio concebido por Hippodamos de Mileto para as cidades de Thurium, Priene e Pireu, entre outras. Foi também Hippodamos que propôs o plano da cidade em tabuleiro, de forma retangular, de dimensão equilibrada. As construções eram concentradas em torno de uma grande praça – a ágora – dotada de uma abertura destinada a dar lugar às grandes vias axiais, permitindo abrir um sentido da perspectiva. Deve-se igualmente a esse período a criação da moeda, do ginásio, dos banhos e do teatro, assim como das cidades especializadas: Olimpo (Jogos Olímpicos), Delfos (centro político e religioso) e Kos (centro de medicina).

O desenho das cidades seguindo os múltiplos interesses de seus habitantes, que obedecem ou não aos planos predeterminados, como a muito disseminada composição em tabuleiro, tem como resultado o tecido urbano, definido por Merlin e Choay (1988, p. 664-665, tradução nossa) como:

> Expressão metafórica que assimila as células construídas e os vazios de um meio urbano ao entrelaçamento dos fios de um têxtil. Pode-se chamar de tecido urbano o conjunto dos elementos do quadro urbano que constituem um todo homogêneo. O tecido urbano é a expressão física da forma

urbana, constituído pelo conjunto dos elementos físicos que contribuem para ela – o local, a rede viária, a divisão em parcelas, a relação entre os elementos construídos e não construídos, a dimensão, a forma e o estilo das edificações – e pelos relacionamentos que ligam esses elementos.

Nesses múltiplos e diversificados tecidos urbanos, em todos os lugares e em milênios de civilização, a cidade permanece como um ambiente humano e social de grande complexidade. A opinião de Mumford (1982, p. 220) confirma tal observação: "a cidade era ao mesmo tempo ambiente de trabalho e de lazer; de vida pública e de vida privada; de prática das artes, dos esportes, da música, da conversação, do estudo da política, do amor, da aventura e mesmo da guerra".

Conforme é possível perceber, o desenho e o tecido urbanos definem espaços, os quais assumem diversas significações e servem como cenário das interações sociais, como sintetiza Fuão (2004):

> O espaço não é, como crê a maioria dos arquitetos, uma realidade rígida e válida para todos. Ele em si é tão plástico e imaterial como o próprio tempo, variando com os indivíduos, com os povos, com as épocas, e, principalmente, com os pontos de vistas. Não existe um espaço objetivo e autônomo do ser humano. Existem diferentes maneiras de perceber e compreender esse espaço "bruto", lá fora, sem significação, a espera de minha chegada. Por exemplo, desse mesmo espaço podemos produzir as mais diversas representações, como a do pintor, do arquiteto, do fotógrafo, do engenheiro, do médico etc. Mas certamente, a somatória deles nunca retratará a experiência de cada um, apenas ampliará seus sentidos, mostrando a existência de diversos pontos de vista.

Castells (2000, p. 181-182) esclarece o que é o espaço e como ele dá origem ao ambiente denominado *cidade*:

> O espaço é um produto material em relação com outros elementos materiais – entre outros, os homens, que entram também em relações sociais determinadas, que dão ao espaço (bem como aos outros elementos da combinação) uma forma, uma função, uma significação social. Portanto, ele não é uma pura ocasião de desdobramento da estrutura social, mas

a expressão concreta de cada conjunto histórico no qual uma sociedade se especifica. Trata-se então de estabelecer, da mesma maneira que para qualquer outro objeto real, as leis estruturais e conjunturais que comandam sua existência e sua transformação, bem como a especificidade de sua articulação com outros elementos de uma realidade histórica.

Indivíduos e povos, em todas as épocas, apropriaram-se e continuam se apropriando desse espaço plástico, dessa realidade mutável, designando a cidade como resultado de uma transformação de sentido humano:

> Considerar a cidade como a projeção da sociedade no espaço é ao mesmo tempo um ponto de partida indispensável e uma afirmação muito elementar. Pois, se é necessário ultrapassar o empirismo da descrição geográfica, corremos um risco muito grande de imaginar o espaço como uma página branca na qual se inscreve a ação dos grupos e das instituições, sem encontrar outro obstáculo senão o das gerações passadas. Isto equivale a conceber a natureza como inteiramente moldada pela cultura, enquanto toda a problemática social nasce da união indissolúvel destes dois termos, através do processo dialético pelo qual uma espécie biológica particular (particular, porque dividida em classes), "o homem", transforma-se e transforma seu ambiente na sua luta pela vida e pela apropriação diferencial do produto de seu trabalho. (Castells, 2000, p. 281)

Nessa evolução de seis milênios, as sociedades moldaram e continuam moldando o espaço e o desenho urbano, nele projetando (para usar a terminologia de Castells) suas aspirações, seus interesses, suas preferências e suas práticas sociais, entre as quais estão as do esporte e do lazer.

1.4.2 Funções do esporte e do lazer nas cidades

O ambiente a que se refere Castells (2000) adquire formas orientadas por suas funções na transformação sócio-histórica do espaço urbano – entre as múltiplas formas e funções estão as do esporte e do lazer. Como já salientamos, o principal cenário para as experiências de esporte e lazer é o meio urbano, cujos espaços específicos (construídos para o lazer) e não específicos (com outras finalidades, mas que podem ser utilizados nessas experiências) constituem a base física para as práticas individuais e coletivas da população (Requixa, 1980).

Quando as qualidades do desenho e do tecido urbano permitem, muitos de seus espaços podem ser utilizados para variadas atividades: nas praças, por exemplo, crianças brincam e correm, idosos jogam dominó, casais namoram, pessoas conversam e leem; nas calçadas, crianças brincam e adolescentes andam de *skate*, ao passo que grupos da vizinhança criam experiências.

Importante!

Lazer e esporte são fenômenos sociais urbanos, mesmo quando praticados no meio natural ou rural, pois seus praticantes, nesse caso, são originários, quase em sua totalidade, das cidades. O mesmo ocorre nos sistemas nacionais de parques (Brasil, Estados Unidos, Canadá, Portugal, Costa Rica), cujas áreas são visitadas basicamente pelos moradores dos núcleos urbanos.

São as cidades que acolhem, tanto nos modelos tradicionais quanto nos inovadores, equipamentos de lazer e esporte especialmente pensados, desenhados, construídos e administrados para oferecer programas de atividades, experiências e eventos, como serviços com finalidades sociais e culturais, contribuindo para a melhor qualidade de vida de seus habitantes, objetivo claramente assumido pela civilização desta era.

Isso não impede, mas estimula, as formas espontâneas de apropriação para o lazer por parte da população, como nos dois exemplos citados anteriormente e em muitos outros que podem ser observados diariamente nas cidades.

Oficina temática

Análise de um equipamento de esporte e lazer do ponto de vista social

Luiz Wilson Alves Corrêa Pina

Para aprofundarmos e consolidarmos as noções sobre o tema, sugerimos a análise de um equipamento de esporte e lazer previamente escolhido em sua cidade.

Antecedentes

Para iniciar este exercício, sugerimos a consulta do conceito de equipamento de lazer elaborado por Coronio e Muret (1976) – o qual também é descrito no Capítulo 3.

Como o esporte e o lazer são muito diversificados, os equipamentos de lazer variam em tipos, composição de instalações, finalidades, propostas de atuação etc. Por isso, Coronio e Muret (1976, p. 28) propõem conceitos complementares para os equipamentos de lazer, como **polivalência** e **banalização**:

> *[Equipamento polivalente é] aquele onde muitos tipos de atividades podem ser praticados simultânea ou sucessivamente. A polivalência pode resultar da receptividade do equipamento para acolher atividades diversificadas, pelo fato mesmo das características funcionais de suas instalações e de sua flexibilidade de adaptação às exigências de práticas sucessivas.*

[...]

> *[A banalização] de uma instalação consiste em colocar um mesmo local ou um mesmo espaço à disposição de diversas categorias de usuários que o utilizam em momentos diferentes. Ela contribui para assegurar um melhor emprego do equipamento, e, inicialmente, para aumentar a eficácia do investimento. Além disso, concorre para dar ao equipamento um caráter mais vivo e mais animado – e, portanto, mais atrativo –, permitindo assegurar uma atividade permanente graças à complementaridade das diversas instalações.*

Machado Neto (1996, p. 100, citado por Pina, 2017) amplia a noção de polivalência dividindo-a em **polivalência cultural**, representada pela diversificação das atividades, e **polivalência social**, representada pela diversificação de públicos. Sugerimos aqui uma metodologia de análise e estudo de um equipamento de lazer que desempenhe um importante papel social em sua cidade. Como a proposta é aberta, podem ser acrescentados outros itens com o objetivo de tornar o trabalho mais completo.

Metodologia

Fase 1: identifique os equipamentos de lazer da cidade. Se a população tiver mais de 500 mil habitantes, delimite uma região para que a busca seja possível em alguns dias. Considere centros esportivos, teatros, centros culturais, museus, bibliotecas públicas, unidades do Sesc ou do Sesi, clubes e espaços do gênero.

Fase 2: defina o equipamento de lazer a ser analisado – quanto mais diversificado em instalações e em programas de atividades, melhor. Clubes, por exemplo, são muito interessantes, por agruparem vários tipos de instalações, como salão de festas, piscina, quadra poliesportiva, quadra de tênis, área verde para descanso e convivência e restaurante ou lanchonete – há unidades do Sesc que combinam piscina, ginásio e quadra com teatro ou auditório, área para exposição etc.

Fase 3: entreviste uma pessoa do quadro de gestores de equipamentos. Em seguida, peça autorização para visitar todos os espaços e consultar os funcionários para identificar a finalidade de cada instalação e seus tipos de uso. Na entrevista, registre as informações gerais do equipamento: organização responsável (órgão público, terceiro setor etc.); data de inauguração; área do terreno; área construída; número de funcionários efetivos; número de funcionários terceirizados; horários e dias de funcionamento; número de frequentadores por dia da semana e fins de semana.

Fase 4: elabore uma descrição geral das instalações, começando pelo conjunto de edificações e a forma como ocupam o terreno. Descreva cada área, incluindo espaços abertos e descobertos, possíveis áreas verdes, acessos, tipologia das construções (se apresenta vários andares, qual o material dos telhados etc.), entre outros.

Fase 5: complete a descrição física geral e inicie a descrição específica de cada instalação, a fim de identificar a finalidade de cada espaço.

Fase 6: verifique se o uso dos espaços é polivalente, se recebe atividades diferentes; por exemplo, se no ginásio são feitas apresentações de dança, se nas quadras ocorrem atividades recreativas e assim por diante. Confira se a utilização é banalizada, conforme conceitos já explicados.

Fase 7: prepare um quadro de análise para facilitar o trabalho e torná-lo mais objetivo. Na primeira coluna, insira as instalações; na segunda, a área em metros quadrados; na terceira, a finalidade principal; na quarta, se a área é utilizada de modo polivalente; na quinta, as atividades de uso polivalente; na sexta, se há banalização; na sétima, o estado de conservação; e, na oitava, a qualidade da limpeza.

Fase 8: prepare um quadro para as áreas de apoio, que são os espaços que suportam as instalações de atividades, como vestiários, sanitários, depósitos, cozinhas e áreas administrativas. Na primeira coluna, insira as instalações; na segunda, a área; na terceira, a finalidade; na quarta, o estado de conservação; e na quinta, a qualidade da limpeza.

Fase 9: registre, na base do quadro, quais instalações são terceirizadas ou funcionam com concessão – geralmente, são as instalações de alimentação, como restaurantes, lanchonetes e cafés.

Fase 10: analise os pontos fortes e os pontos fracos das instalações na base do quadro. Registre os destaques do equipamento como um todo, como qualidade da localização, facilidade de acesso e circulação. Na nona linha do quadro das instalações de atividades, assinale os pontos fortes de cada uma; na décima, indique os pontos fracos. Faça o mesmo no quadro das instalações de apoio, na sexta e na sétima linhas.

Fase 11: elabore um relatório. Entreviste um gestor e um usuário do equipamento para saber, de maneira aberta, as opiniões sobre a qualidade do equipamento em geral e suas instalações, bem como se ele poderia ser aprimorado em qualidade, em aumento da frequência de público e na atuação de seus recursos humanos.

Fase 12: entreviste um vizinho do equipamento e peça suas opiniões sobre o local, questionando se o utiliza, qual é sua importância para o bairro, se representa um fator para a qualidade de vida da vizinhança, se provoca algum tipo de transtorno ou de incomodo e assim por diante.

A análise física do equipamento de lazer e de suas instalações fornece referências para estudarmos como eles são compostos, como as pessoas os frequentam, como é a estrutura física das instalações etc., informações que servem como base comparativa para o planejamento da construção ou da reforma desse tipo de espaço social. Trata-se do primeiro passo para você aprofundar seus conhecimentos sobre o assunto.

Síntese

Neste capítulo, apresentamos um breve histórico da constituição dos espaços e dos equipamentos de esporte e lazer ao longo da história, bem como sua incorporação ao espaço urbano. Trata-se de um ambiente que está presente na paisagem urbana há milênios, desde a Antiguidade Clássica.

Ainda assim, conforme demonstramos, foi somente no século XIX que as sociedades começaram a implantar um complexo de espaços para a prática de atividades esportivas e de lazer. Com o crescimento das cidades, essas atividades e suas práticas se tornaram expressões socioculturais urbanas, as quais hoje fazem parte do cotidiano e do uso do tempo social dos indivíduos em praticamente todos os países do mundo.

Como vivemos sabidamente em um mundo em transformação, esporte e lazer, por serem práticas sociais, são igualmente influenciados pelas mudanças, sobretudo diante das novas formas de uso do tempo social, com a tecnologia digital modificando todos os tipos de atividades humanas. Nesse sentido, podemos especular que o século XXI será significativamente caracterizado por uma sociedade em que esporte e lazer terão mais importância do que nas épocas anteriores.

Esperamos que o Brasil seja uma dessas sociedades, com as experiências de esporte e lazer fazendo parte integral da vida social e individual de cada um por meio de espaços bem administrados, localizados próximos a residências, a locais de trabalho e a escolas.

Conhecer os espaços e os equipamentos de esporte e lazer da própria cidade é obrigação primária do profissional da área. Visitá-los, participar de suas atividades, interagir com suas equipes de recursos humanos e com seus usuários é o primeiro passo para a obtenção do conhecimento técnico sobre o assunto. Prosseguindo nessa linha de ação, propusemos como oficina temática a análise de um equipamento de esporte e lazer.

ⅲ *Indicações culturais*

LEAGUE of Legends. Estados Unidos: Riot Games, 2009. 1 jogo eletrônico.

> League of Legends (LoL) é um jogo coletivo que pode envolver muitas pessoas, divididas em equipes. Ele é gratuito e praticado por milhões de pessoas no mundo todo. Além disso, a plataforma permite campeonatos nacionais em vários países e a própria distribuidora do jogo (Riot Games) organiza uma competição anual, League of Legends

World Championship, com equipes profissionais de cada continente. A disputa é acompanhada por um público numeroso, reunido em ginásios de grande capacidade com telões de última geração. Embora muitos *sites* que explicam o jogo estejam em inglês, é possível encontrar informações interessantes em português, com base nas quais pode-se entender e especular como será o futuro do lazer, já que as experiências com LoL e os demais eSports estão se disseminando pelo planeta.

Atividades de autoavaliação

1. No Brasil, o uso do tempo social será determinante para o futuro das experiências de esporte e lazer porque:
   a) as pessoas terão mais atividades profissionais e obrigações familiares.
   b) as sociedades serão mais conectadas pela tecnologia.
   c) o tempo de trabalho será reduzido lentamente, liberando mais parcelas temporais para o esporte e o lazer; a ocupação do tempo também será influenciada pelo avanço tecnológico.
   d) a oferta de experiências de esporte e lazer diminuirá a cada década.
   e) a população brasileira adotará uma atitude conformista e omissa, não pressionando os poderes públicos para que aprimorem as políticas sociais.

2. O gestor de esporte e lazer deve conhecer as diferentes abordagens atribuídas ao esporte para:
   a) construir uma carreira acadêmica como opção de trabalho, caso deixe de trabalhar com gestão esportiva e de lazer.
   b) compreendê-lo como fenômeno contemporâneo e, assim, conseguir desenvolver um trabalho articulado com as expectativas de seu público.

c) apenas enriquecer seu conhecimento, visto que se trata de uma atividade para acadêmicos.
d) realizar palestras, visto que para a gestão esportiva esse conhecimento não gera interferência.
e) conhecer diversos esportes na prática, embora não seja necessário que ele domine conteúdos conceituais sobre esporte.

3. A sociedade vem sofrendo consideráveis transformações no sistema de valores, o que deu origem a novas identidades. Assinale a alternativa que indica alguns desafios que o gestor esportivo e de lazer deve enfrentar:

a) Alto preço de insumos utilizados na produção de equipamentos de esporte e lazer.
b) Aumento quantitativo e qualitativo da oferta de lazer aos mais diferentes públicos.
c) Formação de novos grupos sociais e atribuição de novos significados à família, às questões de gênero e à influência da tecnologia digital.
d) Surgimento de práticas de lazer que exigem a busca de estratégias para fidelizar clientes.
e) Proliferação de academias de ginástica como equipamento de lazer e nova tendência.

4. De acordo com Requixa (1980), os equipamentos de esporte e lazer se estruturam em:

a) sociais e culturais.
b) acessíveis e não acessíveis.
c) abertos e fechados.
d) específicos e não específicos.
e) construídos e não construídos.

5. Assinale a alternativa correta com relação à definição de Coronio e Muret (1976) de polivalência dos equipamentos de lazer:
   a) Mesmo espaço à disposição de diversas categorias de usuários.
   b) Uso do espaço para uma única finalidade.
   c) Divisão do espaço em aberto e fechado.
   d) Utilização do espaço em diferentes horários.
   e) Práticas simultâneas ou sucessivas de muitas atividades no mesmo espaço.

Atividades de aprendizagem

Questões para reflexão

1. Em quais situações as atividades esportivas podem ser consideradas lazer?

2. Qual é a importância do esporte e do lazer para a sociedade atual? De que maneira o espaço urbano se insere nesse contexto?

Atividade aplicada: prática

1. Produza um diário de bordo sobre o uso dos espaços urbanos para o esporte e o lazer em sua cidade. Se não conseguir detectar algum caso, observe novamente, pense e anote alguns locais, a fim de refletir sobre quais atividades de esporte e lazer poderiam ser realizadas.

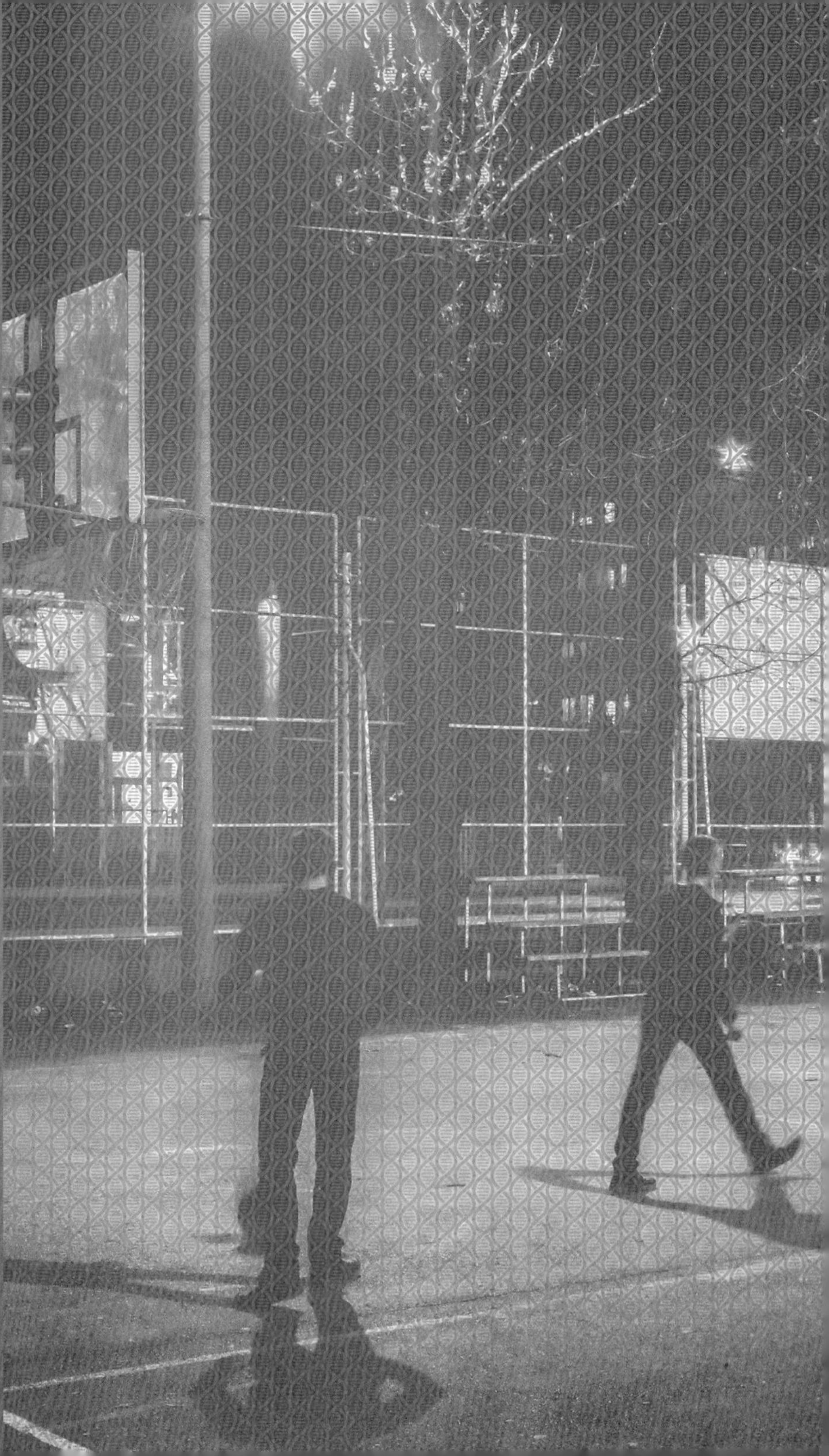

Capítulo 2

Componentes principais e impactos da gestão em espaços de esporte e lazer

Neste capítulo descreveremos, de maneira sucinta, a história da administração científica. Na sequência, indicaremos um modelo conceitual de gestão de esporte e lazer com ênfase no espaço (sua base física). Por fim, examinaremos informações técnicas sobre a gestão de recursos financeiros no mesmo contexto das instalações e dos equipamentos.

2.1 Evolução histórica de alguns conceitos referentes à gestão

Luiz Wilson Alves Corrêa Pina

Analisar e discutir a gestão dos espaços de esporte e lazer exige conhecimento prévio de alguns conceitos desenvolvidos no decorrer de sua evolução histórica.

Primeiramente, para não entrarmos em discussões semânticas sem finalidades práticas, empregaremos nesta obra a palavra *gestão* como sinônimo de "administração", visto que as diferenças de significado entre ambas são ínfimas.

O campo da gestão passou por um desenvolvimento considerável em pouco mais de um século, embora as organizações iniciais e seus administradores, nas palavras de Maximiano (2002), tenham surgido com as primeiras civilizações humanas: suméria, mesopotâmica e egípcia.

As civilizações romana e chinesa, desde o segundo milênio a.C. até a Era Moderna, apresentaram um padrão considerável de aperfeiçoamento dos métodos e procedimentos administrativos.

Ainda assim, a sistematização formal dos conhecimentos e das experiências administrativas em situações macro (nações, povos, estados, cidades, grandes empreendimentos) e micro (pequenas empresas, cooperativas locais, associações, corporações profissionais) foi iniciada pelos seguintes estudiosos: **Jules Henri Fayol** (1841-1925), considerado o fundador da teoria clássica da administração; e **Frederick Taylor** (1856-1915), reputado como o "pai" da administração científica.

Sobre as origens das doutrinas de Fayol e de Taylor, Ribeiro (2010, p. 16, grifo do original) considera que

*Elas estão ligadas às consequências geradas pela Revolução Industrial, principalmente a duas delas: **o crescimento acelerado e desorganização***

*das empresas, que gerou um aumento da complexidade da administração e a necessidade de maior planejamento e, consequentemente, uma abordagem científica, substituindo a improvisação por métodos racionais de trabalho; e **a necessidade que as empresas passaram a ter de aumentar a eficiência e a competitividade**, procurando obter um melhor aproveitamento dos seus recursos para poder enfrentar a concorrência e a competição, que aumentavam a cada dia.*

Além disso, as condições empresariais do começo do século XX eram ideais para o surgimento de uma nova teoria sobre a administração: grande número de empresas gerando alta concorrência, problemas de aproveitamento do maquinário instalado, com grandes perdas de produção ocasionadas por decisões mal concebidas, insatisfação entre os operários etc.

O trecho citado evidencia que, em seu início, a teoria clássica da administração e a administração científica foram diretamente orientadas para o estudo de empresas – organizações com finalidades lucrativas. Durante muitas décadas, o foco se manteve no setor empresarial industrial, mais especificamente em seus métodos e processos.

Ribeiro (2010) apresenta uma visão geral da evolução do pensamento administrativo de 1890 até o presente, na qual contempla os estudos dos já citados Taylor e Fayol (1890-1925) e teorias como a das relações humanas (1927); a do comportamento humano (1932-1940); a da burocracia (1940); a estruturalista (1950); a de sistemas, baseada na teoria geral dos sistemas (1950), de Ludwig von Bertalanffy (1901-1972); a da administração por objetivos (1954), de Peter Drucker (1909-2005); a do desenvolvimento organizacional (1962); a da contingência (1972); e a da qualidade total e melhoria contínua, tendência dos anos 1980 até a atualidade.

Para Fayol (citado por Maximiano, 2002), administrar compreende cinco funções: planejamento, organização, comando, coordenação e controle – nesse caso, são omitidas duas ações fundamentais: avaliação e execução. Essas funções resultam de estudos, experiências, debates, análises e pesquisas produzidos nesse campo do conhecimento ao longo de mais um século. Cada uma delas, segundo Maximiano (2002), é um processo em si.

> **Importante!**
>
> A avaliação é uma função muito enfatizada no meio organizacional, embora seja um dos pontos mais fracos da gestão dos espaços de esporte e lazer. Para esse setor das atividades humanas, precisa ser criada uma metodologia concernente, em um processo coletivo e multidisciplinar, mediante a intervenção de organizações formais com propósitos e objetivos bem definidos para construir instrumentos adequados à nossa realidade sociocultural.

Essa ampla produção deu origem a diversos métodos e processos sugeridos para as organizações, a princípio apenas industriais. Mais tarde, foram integradas as instituições comerciais e financeiras, que englobam serviços em geral e o setor público, o qual segue um conjunto de regras específico. No caso brasileiro, essas normas são definidas pelo direito administrativo, que apresenta uma construção sólida e coerente, em aparente paradoxo com sua aplicação prática – nem sempre tão apropriada ou eficiente.

A gestão do esporte e do lazer, de maneira geral, ainda não atingiu o mesmo padrão qualitativo de outras áreas, embora apresente muitos casos de excelência que deveriam ser mais conhecidos, divulgados e estudados, até mesmo como referência para o *benchmarking* funcional.

Em suma, está aberto diante dos profissionais da área de esporte e lazer o processo de construção de um campo do conhecimento e de desenvolvimento de experiências socioculturais que terão no futuro uma importância mais relevante e mais participativa na vida urbana.

Modelos de gestão

Para Maximiano (2002, p. 30), *modelo de gestão* "é um conjunto de doutrinas e técnicas do processo administrativo. Muitas vezes, o modelo está associado a uma base cultural". Já para Have et al. (2003, p. IX), o termo se refere aos "meios úteis para ordenar a realidade", além de apresentarem "grande valor prático quando se trata de analisar situações e identificar possíveis linhas de ação".

A evolução do conhecimento e das experiências práticas na gestão gerou uma relevante produção de modelos que são testados pelas organizações, os quais apresentam resultados variáveis, evidentemente, mas que representam um vasto acervo para estudo, pesquisa e fundamentação para estruturar sistemas e processos na busca por melhor desempenho.

O trabalho de Have et al. (2003) relaciona 56 modelos de gestão experimentados por organizações diversas; portanto, não faltam oportunidades de escolha para o gestor definir os procedimentos administrativos a serem utilizados por sua organização. O Quadro 2.1 apresenta de modo sucinto alguns dos modelos mais conhecidos.

Quadro 2.1 Modelos de gestão

Modelo	Descrição
Balanced Scorecard (Painel balanceado de controle)	"Usa, essencialmente, a medição integral de desempenho para acompanhar e ajustar a estratégia de negócios. Além da habitual perspectiva financeira, ela obriga o gerente a incorporar a perspectiva do cliente, as operações e a capacidade de inovação e aprendizado da organização" (Have et al., 2003, p. 12).

(continua)

(Quadro 2.1 – conclusão)

Modelo	Descrição
Benchmarking	"É a comparação sistemática dos processos e desempenhos organizacionais para criar novos padrões ou melhorar processos. Existem quatro tipos básicos: interno, dentro de uma organização, por exemplo, entre unidades empresariais; competitivo, operações de benchmarking e desempenho com competidores diretos; funcional, de processos semelhantes dentro de um ramo de negócios; genérico, comparação de operações entre ramos de negócios não relacionados" (Have et al., 2003, p. 21).
Planejamento de cenário	"A meta não é necessariamente 'fazer certo', mas evidenciar as forças primordiais que movem o sistema, seus inter-relacionamentos e as incertezas críticas. Os cenários estruturam o futuro em elementos predeterminados e elementos incertos. Um dos fatores cruciais de sucesso é a remoção da crise de percepção da qual sofrem muitos gerentes: a incapacidade de ver uma realidade nova e emergente ficando presos em premissas obsoletas" (Have et al., 2003, p. 166).
Análise SWOT (*Strenghts*, *Weaknesses*, *Opportunities* e *Threats*) ou Análise FOFA (Forças, Oportunidades, Fraquezas e Ameaças)	"Qualquer empresa que empreenda um planejamento estratégico em algum momento avaliará suas forças e fraquezas do ambiente interno, combinada com um levantamento das oportunidades e ameaças no (ou até além do) ambiente externo da empresa. Ela está efetivamente fazendo o que é chamado de análise de SWOT (strenghts, weakness, opportunities e threats): estabelecendo sua posição atual à luz de seus pontos fortes, pontos fracos, oportunidades e ameaças" (Have et al., 2003, p. 179).

Sugerimos substituir na última citação do Quadro 2.1 a palavra *empresa* por *organização*, visto que a análise SWOT também se estende a setores públicos e ao terceiro setor.

2.2 Gestão direcionada a espaços contemporâneos de esporte e lazer

Marcos Ruiz da Silva

Nesta obra, entre as funções que elencamos anteriormente, optamos por considerar quatro delas como fundamentais para a gestão: planejar, organizar, executar e avaliar. Essas quatro funções se constituem como ferramentas primordiais, seja para administrar rotinas, seja para elaborar um planejamento estratégico da organização (pública, privada ou do terceiro setor).

Há uma diversidade de funções que fazem parte das atribuições de um gestor. O sucesso da gestão está atrelado à habilidade do profissional de transformar as ações operacionais da empresa em resultados positivos.

As quatro funções citadas têm uma relação de interdependência mútua e representam um ciclo contínuo de todo o esforço realizado em todas as estruturas da empresa e em todos os níveis da organização.

Figura 2.1 Funções fundamentais para um processo de gestão efetivo

```
Planejar:              →    Organizar:
definir objetivos           pessoas, tempo,
      ↑                     espaço, tarefas,
      |                     recursos
      |                          ↓
Avaliar:               ←    Executar:
resultados,                 liderar
ações coretivas
```

O **planejamento** é caracterizado pela indicação do que deve ser feito e de que maneira deve ser feito para se atingir os objetivos desejados em uma empresa. Com o propósito de determinar

as atividades com antecedência, o planejamento é um trabalho que exige muita atenção e serenidade, visto que necessita de um tempo adequado de preparação dos participantes para eles se concentrarem no exercício de pensar o projeto a ser realizado. Dessa forma, essa ferramenta se constitui como instrumento estratégico para qualquer empreendimento, seja a organização de um pequeno evento para a implantação de um novo serviço, seja para os encaminhamentos estratégicos do negócio.

Todos os colaboradores de uma organização estão envolvidos em ações que necessitam contar com um bom planejamento. Lacombe e Heilborn (2006) apresentam três tipos de planejamento (Quadro 2.2): estratégico, tático e operacional.

Quadro 2.2 Tipos de planejamento

Tipo de planejamento	Característica
Planejamento estratégico	Metas de longo prazo
	Envolvimento dos ambientes interno e externo à organização
	Definição do negócio da empresa
	Participação dos diretores e alto executivos
Planejamento tático	Objetivos fundamentados em desdobramentos da estratégia da empresa
	Metas e objetivos de curto prazo
	Envolvimento no processo de gerentes, de supervisores e de coordenadores
Planejamento operacional	Permite o planejamento semanal, mensal, semestral ou anual

Fonte: Elaborado com base em Lacombe; Heilborn, 2006.

O planejamento é a ferramenta que minimiza os riscos de uma ação ou de um projeto. Apesar de haver procedimentos, métodos e instrumentos que auxiliem em sua elaboração, é importante que o gestor, com sua capacidade de liderança, experiência e sensibilidade, faça uma boa leitura do cenário e avalie os riscos e as oportunidades que envolvem aquilo que se pretende empreender.

Confira a seguir algumas sugestões de procedimentos que podem contribuir para um bom planejamento.

- **Diagnóstico**: reúna informações precisas para ter uma visão real da situação da empresa, do negócio ou do projeto.
- **Objetivos**: trabalhe com dados, números e indicadores mensuráveis que possibilitem descobrir o que se pretende atingir a curto, médio ou longo prazo.
- **Estratégias**: descreva as ações que precisam ser realizadas para atingir os objetivos, indicando prazos de execução, recursos necessários e os responsáveis por cada tarefa.
- **Critérios de controle**: identifique como será medida e avaliada a execução de tarefas.

Considerando a adoção de uma postura profissional voltada à gestão estratégica, julgamos pertinente recomendar algumas ações para uma gestão fundamentada na cultura do planejamento:

- Organizar, na agenda de trabalho, tempo para reuniões de planejamento envolvendo todos os níveis hierárquicos, como pessoal da manutenção, professores e coordenadores, cada grupo organizado em comitês para resolução de problemas e inovação.
- Definir os objetivos da organização, dos setores ou mesmo dos serviços prestados, pois é imprescindível saber a finalidade das atividades, dos programas e dos espaços disponibilizados e ter a certeza de que isso está claro para toda a rede de interessados, como colaboradores, diretores e também o público que usufrui dos serviços prestados.

- Estabelecer metas mensuráveis a serem alcançadas e avaliadas, como aumentar a frequência em determinados setores, atrair públicos específicos para a frequência das atividades ou reduzir a inadimplência. Esses objetivos precisam ser factíveis, então é razoável pensar em melhorias com percentuais adequados.
- Transformar as ações de planejamento em instrumentos gerenciais que permitam acompanhamento diário, como estabelecer tarefas com prazos a serem cumpridos e os responsáveis diretos por elas.

A **organização** diz respeito à definição das relações e interações dos colaboradores e à conexão deles com suas funções e com os recursos e objetivos definidos. Esse fator se refere ao ordenamento dos recursos e das funções como forma de facilitar o trabalho e de criar uma nova visão da empresa – em outras palavras, trata-se de colocar cada coisa em seu lugar. Isso implica a definição de como e quando os espaços serão ocupados por materiais, eventos ou pessoas.

Essa etapa envolve o estabelecimento de horários para o cumprimento de tarefas e para o atendimento aos clientes e usuários; a definição de quais tarefas precisam ser realizadas, quais podem ser agrupadas e quem serão os responsáveis por elas; e a distribuição adequada dos recursos financeiros da empresa. Na organização, é necessário esclarecer as atribuições de cada profissional, o qual deve ser orientado no processo de execução das tarefas.

Para o processo de organização, sugerimos a construção de um organograma com a estrutura articulada dos diversos departamentos, qualquer que seja a pessoa jurídica (pública, privada ou do terceiro setor), a fim de facilitar a visualização e a compreensão da relação hierárquica e das funções de cada área. Para isso, é necessário definir também as tarefas essenciais e a abrangência de cada setor. Toda empresa deve organizar sua estrutura, conforme a própria realidade, com o cuidado de deixar a ferramenta clara e simples.

A Figura 2.2 ilustra o esquema de uma pequena academia de musculação.

Figura 2.2 Exemplo de organograma: academia de musculação

- Direção
  - Gerência geral
    - Coordenação administrativa
      - Secretária, manuntenção, recursos humanos, financeiro
    - Coordenação pedagógica
      - Professores, estagiários

Para complementar o organograma, é necessário definir os fluxos das tarefas essenciais e padronizar os processos para que todos os envolvidos possam desenvolver suas atividades conforme os resultados desejados. Para isso, é necessário fazer o mapeamento das tarefas de todas as áreas, identificando cada processo (começando pelos prioritários). Com o tempo, esse organograma sofrerá ajustes, conforme a melhora no entendimento de cada tarefa.

Outra sugestão é organizar um manual de procedimentos e explicar, de maneira clara, como as tarefas devem ser conduzidas em cada processo, certificando-se de que os colaboradores da empresa tenham apreendido as informações apresentadas.

Dando continuidade ao processo, a etapa de **execução** é o momento de promover o movimento das forças para as ações determinadas no planejamento e de colocar em prática cada etapa do que foi estudado, definido e programado. Todos os funcionários e as equipes devem direcionar suas energias para promover a entrega do que foi definido. É claro que essa etapa não se inicia somente após a conclusão do planejamento, pois muitas atividades do planejamento coexistem com as funções operacionais.

À medida que o delineamento das ações de um projeto é estruturado, são necessárias ações relacionadas a seu andamento. Para a execução, o gestor deve considerar o processo de determinar e influenciar o comportamento das pessoas para atingir os fins propostos com base em alguns elementos, como motivação, liderança e comunicação. Ele será o responsável por colocar o projeto em prática.

É provável que surjam dúvidas e dificuldades durante a execução das tarefas, o que pode provocar desvios entre o que foi planejado e o que está sendo realizado. Considerando que o planejamento foi realizado de maneira eficiente, é necessário que o acompanhamento e o *feedback* sejam constantes para o alinhamento dos sujeitos envolvidos. Contudo, é necessário dispor de sensibilidade para enxergar a necessidade de mudanças no planejamento realizado, caso seja necessário.

Os planos de ação produzidos durante o planejamento precisam estar à mão do gestor e dos demais colaboradores envolvidos no processo, a fim de conduzir o desenvolvimento das atividades. Dentro de algumas estratégias de acompanhamento, o gestor precisa aprender a delegar tarefas que exigem muito tempo, a fim de direcionar sua atenção àquelas que são vitais para o setor ou para a empresa. Para isso, é recomendável classificar as tarefas e reconhecer quais delas devem ser cumpridas no tempo atual e quais poderão ser realizadas no futuro, relacionando-as por ordem de importância.

Assim, o gestor poderá organizar sua rotina em: (1) tarefas importantes e urgentes, (2) tarefas importantes ou urgentes e (3) tarefas que não são importantes nem urgentes, mas que fazem parte da rotina de trabalho.

Por fim, no que diz respeito à **avaliação**, é necessário acompanhar, controlar e comparar os resultados alcançados com os objetivos definidos. Isso permitirá a elaboração de ações corretivas quando necessário. Aliás, a elaboração de tabelas de controle e o levantamento de dados e de estatísticas somente têm função se forem úteis para a tomada de decisões.

O *feedback* sistemático ajuda a definir quais ações são necessárias para evitar possíveis desvios entre o que foi planejado e o que foi conquistado, aplicando-se correções com base em ações de caráter educativo e formativo. Outras correções estruturais podem ser necessárias, como reformulação do organograma da empresa ou mudança da maneira de gerir os planejamentos.

Uma maneira de controlar e avaliar resultados ou o andamento das tarefas é medindo e quantificando o que será gerenciado. Portanto, é importante estabelecer itens de controle para o que se deseja manter e o que se deseja melhorar, como frequência de clientes e usuários em atividades ou eventos, tempo de manutenção de equipamentos e inadimplência.

2.3 Modelo conceitual de gestão: demanda *versus* oferta

Marcos Ruiz da Silva

Demanda é a quantidade de bens, de produtos e de serviços que os consumidores estão dispostos a adquirir, utilizar ou usufruir, seja para suprir suas necessidades básicas de subsistência, seja para melhorar seu nível de vida, seja, ainda, para satisfazer suas aspirações ou expectativas. **Oferta** é a quantidade desses mesmos bens, produtos e serviços disponibilizada, por pessoas jurídicas (organizações) ou físicas, para aquisição e fruição pelos consumidores ou pela população de determinado local.

Para compreender o movimento da oferta de espaços e de equipamentos de esporte e lazer, bem como a animação nesses espaços, é preciso se aprender a identificar as principais características que constituem uma demanda. Além disso, conhecer as necessidades e os desejos dos clientes e usuários permite a tomada de decisão pelo gestor com base em argumentos factíveis.

Mesmo considerando que seja imprescindível contar com dados referentes às necessidades e desejos dos clientes para a tomada de decisão na implantação de novos programas recreativos ou construção de equipamentos de esporte e lazer, é necessário alertar que, muitas vezes, influenciado por questões políticos, isso é negligenciado.

Existem algumas implicações referentes à construção de propostas de ofertas de espaços e de equipamentos de esporte e lazer que estão diretamente associadas à identificação de demandas. Assim, conhecer as demandas – reprimidas ou naturais – permite ao gestor entender os desejos e as necessidades de um público consumidor, clientes ou usuários, para propor a animação nesses espaços ou mesmo projetos de edificação, como a construção ou a alteração de novos espaços ou equipamentos de esporte e lazer.

Com relação à **interpretação do movimento da demanda**, é preciso identificar a diferença entre desejar e consumir, pois nem sempre uma demanda leva a pessoa ao consumo. Nessa perspectiva, a demanda pode ser compreendida como procura, desejo ou vontade de adquirir algo, seja um produto, seja um serviço. Assim, o desejo só será efetivado caso a pessoa tenha condições financeiras, emocionais, sociais ou psicológicas para isso.

Outro aspecto que precisa ser levado em conta é a diferença entre as demandas naturais e reprimidas. Na demanda natural, o interesse é do consumidor em adquirir algum produto ou serviço em um estágio normal da economia. A demanda reprimida pode ser considerada como a vontade de determinado público em consumir um serviço ou produto, que, por algum motivo, é inacessível a ele, geralmente em virtude de algum fator externo. Entre os fatores inibidores estão a falta de recursos financeiros, a dificuldade de acesso, pouca ou nenhuma oferta e as restrições governamentais. Identificar essas demandas contribui para melhorar o desempenho da organização, seja pela descoberta de novas oportunidades, seja pela necessidade de mudar sua estratégia para atender às necessidades do mercado.

O desenvolvimento de pesquisa é importante para se conhecer o perfil do cliente ou usuário, pois dados demográficos, comportamentos e expectativas são índices imprescindíveis para constatar a existência de demandas. Outra estratégia é acompanhar o comportamento do mercado e as tendências do comportamento do consumidor e aproveitar as oportunidades oferecidas.

De maneira geral, existem diversos fatores que influenciam o comportamento do consumidor e que levam as pessoas a tomarem decisões sobre o quê, como e quando comprar. A Figura 2.3 ilustra os principais fatores influenciadores do consumo de acordo com Kotler (2000).

Figura 2.3 Principais fatores que influenciam o consumo

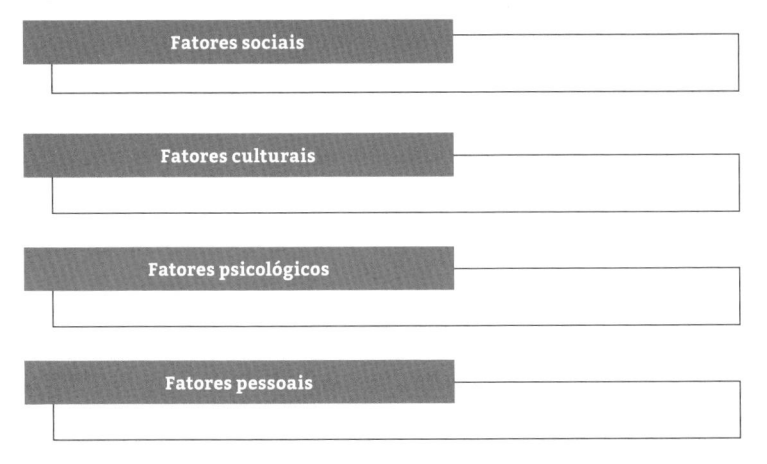

- **Fatores sociais**
- **Fatores culturais**
- **Fatores psicológicos**
- **Fatores pessoais**

De acordo com Kotler (2000), os **fatores culturais** influenciam de maneira mais ampla e profunda o comportamento consumidor, visto que envolvem questões como valores e representações que o sujeito tem em relação ao contexto em que vive. Esses fatores estão subordinados também à relação que esse indivíduo constrói com a religião, com sua identidade, sua etnia, o grupo social a que pertence, entre outros elementos. Já os **fatores sociais** são decorrentes do meio em que o indivíduo vive e do papel social que representa (pai, mãe, professor etc.). Idade, condições econômicas e estilo de vida fazem parte dos elementos que constituem os **fatores pessoais**, ao passo que os **fatores psicológicos** contemplam a motivação, a percepção e as crenças – as pessoas são motivadas por desejos vindos do subconsciente.

Para compreendermos de maneira mais específica a relação entre oferta e demanda no cenário do esporte e do lazer, é adequado destacarmos que existe um conjunto de instituições que atuam de forma a interferir nessa relação, criando uma rede de prática, com condições de compra e de venda, oferta e demanda de produtos e serviços esportivos e outros equipamentos para a prática do lazer. Assim, há empresas que fabricam e comercializam materiais; que fazem uso de campanhas publicitárias vinculadas ao esporte; que promovem eventos, clubes esportivos e entidades de administração esportiva (ligas, federações, confederações); que alugam quadras e diversos outros empreendimentos de caráter privado. Também há os equipamentos e as políticas de animação das instituições públicas, como escolas e secretarias municipais, estaduais ou federais de esporte e lazer.

É interessante notarmos que a relação de interdependência entre as dimensões do esporte está diretamente associada à ideia de oferta e demanda, levando em conta a abrangência de cada instituição; por exemplo, as instituições que espetacularizam o esporte para que as pessoas possam assistir possivelmente geram motivação para a prática esportiva. É claro que é um equívoco afirmar que um indivíduo adotará o hábito de uma prática esportiva ou mesmo que ele será um expectador rotineiro somente por assistir a uma disputa.

Apesar de a ideia de que o efeito demonstrativo provocado por um evento esportivo pode incentivar a prática ou o consumo daquela modalidade ser razoável, as pessoas precisam de estímulos constantes, como: pessoas próximas, que façam parte de seu círculo de convivência habitual, como familiares, colegas de trabalho e outros, pratiquem atividade físico-desportiva cotidianamente; acesso a instalações esportivas e de lazer que permitam o exercício e o acompanhamento de partidas de diferentes modalidades.

A mídia também atua com forte influência na construção de uma cultura esportiva, conforme estudo de Campos, Ramos e Santos (2015), segundo os quais a televisão é o veículo que agrega maior número e diversidade de pessoas, com um crescimento expressivo na divulgação de programas esportivos em todo o mundo. Outro ponto que merece atenção quanto à influência da mídia de massa (como a televisão) no comportamento das pessoas, sobre o qual o gestor de esporte e lazer precisa se atentar, são os diversos interesses que estão por trás de campanhas publicitárias, como no incentivo ao consumo de determinado produto.

Conforme afirmam Campos, Ramos e Santos (2015), o comportamento de torcedores, a predominância de determinadas práticas no gosto popular e a construção de valores sobre certas modalidades esportivas são algumas das interferências que podem provocar mudanças no estilo de vida das pessoas. Pensando no microambiente, no lócus de atuação do gestor de esporte e lazer, e tendo em mente as variáveis do macroambiente, existem estratégias que podem contribuir para a constituição de uma cultura esportiva:

1) Definir a política que a instituição assumirá para as práticas esportivas, indicando os objetivos desejados e os princípios a serem adotados, com base nos quais é necessário construir uma linguagem que será disseminada por toda a rede diretamente ligada ao equipamento ou ao espaço de lazer em específico.

2) Identificar os meios de comunicação possíveis de serem utilizados e desenvolver um planejamento estratégico, com o estabelecimento de metas claras conforme a missão da empresa.

3) Considerar a realização de pequenos eventos como estratégia de incentivo à prática ou ao consumo esportivo, como: a) festivais para alunos de cursos esportivos ou para praticantes regulares de "peladas"; b) campeonatos e torneios internos para quem tiver interesse em participar; c) competições de exibição entre equipes da entidade e convidados – para isso, é necessária a mobilização e o envolvimento do público para que ele possa se sentir motivado a assistir ao "espetáculo"; d) eventos de iniciação ao esporte, como cursos introdutórios e oficinas.

Nesse caso, é pertinente indicarmos que os eventos realizados dentro de um equipamento ou espaço de esporte e lazer, como clube, centro esportivo, praça ou parque, precisa ser pensado na concepção de prospectar novos interessados ou mesmo de manter aqueles que já praticam a respectiva modalidade. Pensando assim, o gestor considerará que há pessoas que prefeririam utilizar o espaço em vez de ceder para terceiros usufruírem; com isso, a realização de eventos poderia comprometer o ambiente gerido. A proposta de utilizar os eventos como estratégia de sensibilização ou despertar o interesse das pessoas pode contribuir para minimizar esse problema.

Apesar da diversidade de espaços e equipamentos de esporte e lazer ser consideravelmente grande, como já foi mencionado, o profissional que assume a função de gestor nesses locais precisa levar em consideração alguns princípios quando pensar na oferta e na demanda do esporte ou do lazer, como não tomar sua preferência pessoal ou a de algum dirigente, cliente ou usuário como referência para a constituição de políticas que gerarão ofertas e demandas para o público usuário – as ações devem ser definidas com base em um bom diagnóstico de interesses; contemplar a diversidade de prática ou de consumo, mesmo que seja de uma única modalidade esportiva; explorar os diversos interesses das pessoas por atividades ligadas à literatura, ao teatro, a passeios, à convivência, a trabalhos manuais, à tecnologia e outras possibilidades. Até mesmo o futebol pode ser experimentado de outros modos, como por meio do futebol de botão, de leituras de crônicas e de outras produções associadas ao universo futebolístico, como peças de teatro, coleção e troca de figurinhas esportivas e demais estímulos.

O principal objetivo para o atendimento de determinada demanda é a realização pessoal do indivíduo, que pode contribuir para torná-lo alguém melhor nas dimensões física, social, intelectual ou espiritual.

2.4 Aspectos financeiros da gestão de espaços de esporte e lazer

Luiz Wilson Alves Corrêa Pina

A operação e a manutenção dos espaços de esporte e lazer exigem recursos financeiros permanentes, que devem ser utilizados com eficiência e eficácia para assegurar a continuidade e a qualidade dos programas de atividades e de experiências neles desenvolvidos.

2.4.1 Gestão de recursos financeiros

Princípio universal da gestão, a eficaz e correta administração dos recursos financeiros é fundamental para a garantia da prestação de serviços em qualquer área de atuação e para todos os tipos de organização; é condição básica para a sobrevivência dos empreendimentos do setor privado e das organizações do terceiro setor. Embora dentro de uma lógica diferente, a gestão é essencial e prioritária no setor público para manter a qualidade dos serviços fornecidos aos cidadãos e contribuintes, assegurando o cumprimento dos direitos inalienáveis da população.

A premissa básica da gestão financeira é conhecida por todos: equilibrar permanentemente receitas e despesas, obter financiamentos e contrair dívidas somente sob absoluto controle, com garantia e viabilidade de pagamento dentro dos limites do orçamento. São essenciais o planejamento e o controle do fluxo financeiro e dos custos. Os procedimentos de administração para os recursos financeiros variam de acordo com os tipos de organização, suas finalidades, sua estrutura legal e funcional, seus estatutos e suas normas internas. Existem grandes diferenças entre o setor público, o setor privado e o terceiro setor.

2.4.2 Finanças públicas

O setor público brasileiro, em suas três instâncias (federal, estadual e municipal), funciona obrigatoriamente com o orçamento anual fornecido pelo Poder Executivo, devendo ser aprovado pelo Poder Legislativo no ano anterior à sua execução. Peixoto e Tiburcio (2016) explicam todo o processo consagrado e confirmado na Constituição Federal de 1988 (Brasil, 1988):

> O ciclo orçamentário é um processo dinâmico e contínuo, com várias etapas articuladas entre si, por meio das quais sucessivos orçamentos são discutidos, elaborados, aprovados, executados, avaliados e julgados. Esse ciclo tem início com a elaboração do Plano Plurianual (PPA) e se encerra com o julgamento da última prestação de contas do Poder Executivo pelo Poder Legislativo. O Plano Plurianual (PPA), a Lei de Diretrizes Orçamentárias (LDO) e a Lei Orçamentária Anual (LOA) são as três leis que regem o ciclo orçamentário – são estreitamente ligadas entre si, compatíveis e harmônicas. Elas formam um sistema integrado de planejamento e orçamento, reconhecido na Constituição Federal, que deve ser adotado pelos municípios, pelos estados e pela União. A elaboração dos projetos de lei do PPA, da LDO e da LOA cabe exclusivamente ao

Executivo. Em nenhuma esfera o Poder Legislativo pode propor tais leis. No âmbito municipal, por exemplo, apenas o prefeito pode apresentar à Câmara Municipal os projetos de PPA, LDO e LOA. Os vereadores não apresentam tais projetos, mas podem modificá-los por meio de emendas quando estes são enviados ao Legislativo para discussão e votação.

As finanças públicas são reguladas por uma série de documentos legais. Um exemplo famoso e bastante polêmico é a recente Emenda Constitucional do Teto de Gastos Públicos, que limita os gastos do Governo Federal nos próximos 20 anos (Brasil, 2016). A justificativa para o estabelecimento dessa emenda é equilibrar as contas públicas e reverter a crise econômica. De acordo com essa perspectiva, mesmo se algum dos Três Poderes identificar a necessidade de investir mais em determinado serviço público, não poderá fazê-lo se o orçamento exceder o limite determinado pela lei.

Para fiscalizar as finanças públicas, há os tribunais de contas, que são divididos em duas esferas: federal (Tribunal de Contas da União – TCU) e estadual (tribunais de contas estaduais – TCEs). As únicas exceções de tribunais de contas municipais (TCMs) são os das cidades de São Paulo e do Rio de Janeiro. Isso porque essas capitais criaram seus TCMs antes da promulgação da Constituição de 1988 (Brasil, 1988), que, embora proíba, em seu Art. 31, parágrafo 4º, a criação desse tipo de órgão, não prevê a extinção dos TCMs anteriores à sua promulgação (Tribunais..., 2008).

Os princípios e as normas da administração pública determinam que os recursos financeiros das instâncias governamentais sejam administrados com seriedade, rigor, responsabilidade e eficiência para resguardar os cidadãos e os contribuintes.

O gestor do espaço de esporte e lazer tem de se conscientizar da gravidade e da seriedade da questão e, em seu trabalho, procurar se informar de modo permanente sobre a situação das finanças (municipais ou estaduais, conforme o ente governamental responsável) e acompanhar cuidadosa e rigorosamente sua execução, recorrendo sempre ao aconselhamento e ao suporte dos profissionais da área que existem em todas as organizações públicas, sem exceção – a mais modesta prefeitura tem em seus quadros um ou vários contadores para a execução desse trabalho. Os gestores devem trabalhar sempre muito bem conectados com esses profissionais e com seus métodos de verificação, acompanhamento e controle.

Além das receitas provenientes da arrecadação de impostos, taxas e contribuições e das demais receitas dos órgãos públicos, o espaço de esporte e lazer pode obter receitas em suas atividades. Todavia, essa diretriz deve ser seguida com extremo cuidado: em princípio, nenhum serviço deve ser cobrado do cidadão; porém, podem ser buscados patrocínios das organizações do setor privado – por exemplo, uma empresa pode patrocinar um campeonato esportivo, cobrindo os custos com materiais, divulgação, árbitros etc.

Também podem ser feitas parcerias, que são frequentes entre órgãos públicos e organizações do chamado *Sistema S* – Serviço Social do Comércio (Sesc), Serviço Social da Indústria (Sesi), Serviço Nacional de Aprendizagem Industrial (Senai), Serviço Nacional de Aprendizagem Comercial (Senac), Serviço Social do Transporte (Sest), Serviço Nacional de Aprendizagem do Transporte (Senat), Serviço Nacional de Aprendizagem Rural (Senar) e Serviço Brasileiro de Apoio às Micro e Pequenas Empresas (Sebrae) –, a fim de se obter ótimos resultados. Nessas ocasiões, a entidade parceira se responsabiliza por uma parte dos custos da atividade ou do evento ou então fornece equipamentos, materiais, serviços e pessoal. Em adendo, são igualmente fiscalizadas pelo TCU, com muito rigor, sendo as irregularidades, quando constatadas, severamente punidas.

Podem ser obtidos, ainda, rendimentos com concessões: geralmente, prefere-se conceder a gestão da lanchonete ou do café do espaço de esporte e lazer para algum empreendedor privado, que paga um valor mensal fixo estabelecido em contrato, o qual ajuda na cobertura financeira das atividades.

Para seguir as orientações dos órgãos de controle, como os Tribunais de Contas (da União e dos estados), da Controladoria Geral da União (CGU), da Receita Federal e das Receitas Estaduais, adota-se, nas ocasiões referenciadas, o processo de licitação, com editais detalhados que oferecem oportunidades a todos os interessados. Esses editais, geralmente, obedecem a cinco princípios básicos da Administração Pública: legalidade, impessoalidade, moralidade, publicidade e eficiência.

No setor de Parques Nacionais, presente em vários países, esse sistema é amplamente utilizado, a fim de permitir a redução do custo de manutenção para os poderes públicos locais. Nessa dinâmica, os recursos obtidos são empregados na conservação e na melhoria de serviços e da estrutura de atendimento.

2.4.3 Setor privado

No Brasil, o setor privado apresenta um conhecimento bastante aprofundado de gestão financeira e contábil, área responsável pela supervisão do setor financeiro, que cuida do fluxo de caixa (*cash flow*). Essa atuação do setor financeiro permite ao gestor administrar e controlar os gastos, de modo que sejam avaliadas as despesas com maior impacto e as possibilidades de redução de custos.

No caso da gestão de espaços de esporte e lazer, é preciso que o gestor, se não for um profundo conhecedor das práticas financeiras, procure entender como elas funcionam, quais são suas finalidades, por que são importantes para a organização e como obter melhores resultados. Além disso, é importante que ele se mantenha informado sobre tudo o que acontece em relação às finanças, às receitas e despesas e à disponibilidade diária, semanal e mensal do fluxo de caixa.

Igualmente importante é trabalhar em equipe com esses profissionais. Com a experiência, o gestor poderá até pensar e propor medidas eficazes para aumentar as receitas do espaço e reduzir ou racionalizar as despesas e os custos operacionais. Por exemplo, visando ampliar o atendimento e fidelizar a clientela, ele pode pensar, analisar e propor formulações de pagamentos de várias atividades com desconto ou preço diferenciado para grupos de frequentadores; ou criar promoções para temporadas (horários ociosos, estações do ano) – um parque aquático, por exemplo, pode criar incentivos promocionais no outono e no inverno; já um cinema pode oferecer desconto no ingresso nas tardes de segunda-feira, por exemplo.

Essas são apenas algumas informações prévias sobre os aspectos financeiros envolvidos na gestão dos espaços de esporte e lazer. Devemos observar que esse é um campo profissional que ainda pode ser mais desenvolvido no Brasil, pois a gestão financeira adequada é fator importante para o bom funcionamento desses espaços sociais em nossas cidades.

Oficina temática

Pesquisa diagnóstica de ambientes de esporte e lazer
Marcos Ruiz da Silva

Realizar a gestão de ambientes esportivos e de lazer sem dispor de informações precisas compromete a tomada de decisão em qualquer nível gerencial – estratégico, tático ou operacional. Dados atualizados sobre todo o cenário que envolve a organização são elementos essenciais para a realização de uma análise do equipamento a ser gerenciado.

O trabalho estruturado de organização de informações é chamado de *diagnóstico*, termo comum no vocabulário de pedagogos, médicos, administradores e profissionais que adotam procedimentos de observação na identificação de problemas, situações-problemas ou análises da realidade com base em indícios.

Entre os processos administrativos (planejar, organizar, dirigir e controlar), Bergamini (1980, citado por Carvalho; Duarte, 2013) indica que o diagnóstico é o mais difícil porque exige do gestor a habilidade de analisar as informações e tomar as decisões necessárias, em momento posterior à fase do diagnóstico, para corrigir um problema e definir estratégias de melhorias.

A elaboração de uma pesquisa diagnóstica de um ambiente esportivo ou de lazer precisa considerar a existência de vários fatores influenciadores, como o clima organizacional. Azevêdo (2017, p. 39) apresenta uma ideia mais geral sobre a abrangência dessas informações quando trata de políticas públicas, apresentando fatores como "(a) a legislação esportiva vigente e suas tendências; (b) a infraestrutura existente; (c) o número de praticantes de atividades esportivas; (d) o financiamento para o lazer e o esporte; e (e) o modelo de gestão pública utilizado".

De maneira mais geral, para a efetivação do diagnóstico, é necessário ter acesso a uma diversidade de informações e saber quais delas são adequadas ao trabalho que se pretende realizar. Nesse sentido, as informações são recolhidas e selecionadas dos ambientes externo e interno. Oliveira (1996, citado por Carvalho; Duarte, 2013) chama isso de *informação global*, um sistema de informações que é utilizado para a tomada de decisões gerenciais.

Apesar de o diagnóstico geralmente ser realizado por um profissional indicado pela empresa, o acompanhamento pelo gestor é constante em todo o processo, para garantir que o esforço dedicado a esse trabalho gere resultados. Como essa atividade requer um plano e metodologias bem definidas, entre algumas ações que podem compor uma pesquisa diagnóstica, indicamos os seguintes procedimentos (Villardi; Ferraz; Dubeux, 2011):

1. identificação do problema a ser investigado;
2. seleção da população como universo e amostra da pesquisa;
3. criação de ferramentas para a coleta de dados (entrevista, roteiro de observação);
4. aplicação de pesquisa piloto (recomendável);
5. tabulação, análise e interpretação dos dados;
6. reelaboração dos instrumentos de pesquisa;
7. aplicação;
8. tabulação;
9. elaboração de relatório e de recomendações sobre o que foi investigado.

Agora, observe algumas dicas de como elaborar um diagnóstico organizacional para sua empresa e aproveite para anotar ideias para um possível plano de ação.

Primeiramente, é preciso definir as áreas a serem investigadas e coletar o máximo de informações sobre todas as atividades ou os setores que a organização oferece ao público. Existem diversos métodos que podem ajudar nessa etapa, como entrevistas, grupos focais, relatórios e observação de campo. Na sequência, deve-se analisar os dados coletados e organizar as informações em gráficos ou tabelas para facilitar a realização de comparações: separar por categorias, estabelecer prioridades e identificar a realidade pesquisada, como quais são as causas dos problemas enfrentados na organização. Em seguida, deve-se considerar as informações dentro de determinado cenário, interno e externo, e classificá-las conforme os aspectos positivos ou negativos.

Quadro 2.3 Exemplo de quadro comparativo

Ambiente interno	
Forças	Fraquezas
Estrutura física	Estrutura física
Serviços prestados	Serviços prestados
Fornecedores	Fornecedores
Profissionais	Profissionais
Ambiente externo	
Oportunidades	Ameaças
Situações externas à empresa (atuais ou futuras), adequadamente aproveitadas	Situações externas (atuais ou futuras) que, se não forem evitadas, podem comprometer a empresa
Políticas de governo	Concorrência
Economia do país	Políticas de governo
Evolução tecnológica	Economia do país

Utilizar algumas ferramentas, como um *checklist* ou plano de ação, contribui para a gestão da rotina, na qual é necessário:

- identificar a situação real em que se encontra o setor, a empresa ou mesmo o serviço prestado ao cliente ou usuário;
- identificar quais ações serão realizadas para resolver esse problema (contramedida);
- detalhar como exatamente essa contramedida será realizada;
- colocar o nome (não o setor) da pessoa responsável por apresentar o resultado da tarefa;
- esclarecer qual é o prazo existente para o cumprimento de cada tarefa;
- fazer as anotações do acompanhamento (observação) apontando se a tarefa foi executada, alterada etc.

Apesar da necessidade de considerar o diagnóstico como uma fase específica do planejamento, a qual precisa ser concluída para se iniciar uma etapa posterior no trabalho organizacional, fica como sugestão o seguinte exercício complementar:

1. Construa uma proposta de intervenção (com uma equipe de trabalho). Como orientação do trabalho, elabore hipoteticamente um problema enfrentado a ser resolvido ou uma melhoria a ser realizada em uma empresa. Para isso, confira a seguir uma sugestão de planilha para descrever as informações levantadas e elaborar estratégias corretivas ou de melhoria.

Plano de ação simplificado					
Ação:					
Responsável:					
Meta:					
Situação	Contramedida	Procedimento	Responsável	Prazo	Observação

▮ Síntese

Neste capítulo, apresentamos quatro funções (planejamento, organização, execução e avaliação) a serem aplicadas aos espaços de esporte e lazer. Ao longo de sua vida profissional e acadêmica, você pode acrescentar outras, conforme o progresso técnico dessa ciência aplicada.

Além disso, tendo em vista a estreita e ativa relação entre demanda e oferta, que se influenciam mutuamente e exigem perspicácia, capacitação e conhecimento do gestor, indicamos um modelo conceitual como instrumento operacional e técnico que pode ser aprimorado em diversos graus de sofisticação, com a profissionalização dos quadros funcionais dos espaços de esporte e lazer.

Na sequência, abordamos os fundamentais e necessários recursos financeiros, considerando alguns de seus aspectos. Esse é um campo da gestão que exige conhecimento apurado e qualificação prévia, com cursos, treinamentos e estágios, visto que os métodos de cálculo dos preços dos serviços nos espaços de esporte e lazer ainda está em um nível muito incipiente no Brasil. Há um vasto campo de conhecimento e de experiência profissional a se explorar.

Novamente, encerramos o capítulo com uma oficina temática, propondo a elaboração de uma pesquisa diagnóstica de ambientes como base técnica para se pensar e se formular uma política de gestão apropriada.

▪ *Indicações culturais*

O HOMEM que mudou o jogo (Moneyball). Direção: Bennett Miller. EUA: Columbia Pictures, 2011. 133 min.

> O filme retrata a atuação de um gestor esportivo de beisebol que precisa superar as dificuldades para ganhar o campeonato. Para isso, ele adota uma estratégia baseada em estatísticas e dados para contratar atletas.
>
> O filme é um ótimo exemplo de como a aplicação da gestão de dados e informações pode servir para atingir melhores resultados.

Atividades de autoavaliação

1. Em pouco mais de 100 anos, a ampla produção no campo do conhecimento da gestão deu origem a uma imensa quantidade de métodos e de processos sugeridos para as organizações, a princípio industriais, mas que incluíram as comerciais e as financeiras, englobando os serviços em geral e incorporando até mesmo o setor público. Assinale a alternativa correta:
   a) Esse conhecimento não pode ser empregado para aperfeiçoar a gestão nas áreas do esporte e do lazer.
   b) A ideia é equivocada, visto que incorpora as funções da administração na gestão das práticas esportivas.
   c) Deveríamos criar do ponto zero um conhecimento técnico, profissional e acadêmico para a gestão do esporte e do lazer, descartando tudo o que foi produzido até então.
   d) Esse acervo de conhecimentos deve ser estudado, analisado e avaliado, para sua aplicação na gestão do esporte e do lazer, considerando experiências e espaços, naquilo que for apropriado e fundamentado.
   e) Não é necessário metodologias de gestão para os espaços de esporte e lazer; eles podem ser administrados sem o uso de procedimentos profissionais.

2. Os procedimentos de administração para os recursos financeiros variam de acordo com o tipo de organização, suas finalidades, sua estrutura legal e funcional, seus estatutos e suas normas internas. Existem grandes diferenças entre o setor público, o setor privado e o terceiro setor. Analise as sentenças a seguir e assinale a alternativa correta:
   a) As diferenças não são relevantes e devem ser ignoradas.
   b) A gestão dos recursos financeiros não tem qualquer fundamento ou utilidade.
   c) Na gestão financeira dos espaços de esporte e lazer, deve-se considerar sempre o tipo específico da organização para adotar os procedimentos adequados.

d) As finalidades e a estrutura legal da organização responsável pelo espaço de esporte e lazer nunca devem ser consideradas.

e) A gestão financeira é apenas uma burocracia inútil e irritante.

3. Há um conjunto de fatores que leva o indivíduo a reagir diante da oferta de determinado produto. Assinale a alternativa que identifica esses fatores:

a) Qualidade do produto, preço cobrado e promoção desenvolvida para atrair o interesse.

b) Fatores sociais, culturais, psicológicos e pessoais.

c) Influência das ações do gestor esportivo, espetacularização dos esportes e comunicação entre fornecedor e consumidor.

d) Desejos e necessidades do público-alvo.

e) Diversidade de atividades proporcionadas às pessoas e consumo de produtos esportivos.

4. Os serviços públicos de esporte e lazer não podem ser cobrados de seus usuários, porém, é preciso obter receitas para a manutenção e a execução de atividades. Assinale a alternativa que identifica como o setor público pode levantar essa receita:

a) Com promoções populares, como rifas e bingos comunitários e outros jogos de apostas.

b) Por meio de doações da população em geral.

c) Por meio de impostos, taxas, contribuições e demais receitas dos órgãos públicos.

d) Com a cobrança de aluguéis dos espaços públicos.

e) Somente com patrocínios de empresas privadas.

5. Levando em consideração a elaboração de um diagnóstico, assinale V para as afirmativas verdadeiras e F para as falsas:

( ) Identificação do problema a ser investigado.
( ) Seleção da população – universo e amostra da pesquisa.
( ) Criação de ferramentas para coleta de dados.

( ) Contar exclusivamente com a percepção pessoal sobre o assunto.
( ) Tabulação, análise e interpretação de dados.

Agora, assinale a alternativa que apresenta a sequência correta:

a) V – V – F – V – V – F.
b) V – V – V – F – V – F.
c) V – F – F – V – F – V.
d) V – F – V – F – F – V.
e) V – V – V – V – F – V.

Atividades de aprendizagem

Questões para reflexão

1. Por que a gestão pode ser considerada primordial para o melhor atendimento da população frequentadora ou usuária de determinado espaço de esporte e lazer?

2. A oferta de atividades deve ser orientada pelas preferências do gestor do espaço de esporte e lazer ou pelas expectativas e pelos interesses da população? Justifique sua resposta.

Atividade aplicada: prática

1. Entreviste o gestor de um espaço de esporte e lazer em sua cidade e apresente os resultados da entrevista. Para a elaboração das perguntas a serem feitas, leve em consideração elementos como: tamanho do espaço; área construída; lista das instalações esportivas, artes, convivência etc.; estado de conservação dessas instalações e mapa de uso semanal; perfil dos recursos humanos que atuam nessas instalações (pessoal técnico, administrativo e operacional), como formação e desenvolvimento; resultado de pesquisa de satisfação dos usuários; orçamento previsto e executado; e perspectivas futuras.

Capítulo 3

Esporte e lazer: concepções e orientações metodológicas com ênfase no processo de gestão

Neste capítulo apresentaremos o conceito de planificação, assunto pouquíssimo trabalhado no Brasil, e as noções básicas referentes aos processos específicos de planejamento dos espaços de esporte e lazer, bem como as orientações metodológicas concernentes.

Além disso, examinaremos dois fatores fundamentais: o sistema de manutenção dos recursos físicos e os aspectos legais que envolvem os referidos processos.

3.1 Planejamento e organização como funções da gestão

Luiz Wilson Alves Corrêa Pina

Dispor de espaços que garantam melhor qualidade para as atividades e as experiências de esporte e lazer exige a adoção de um planejamento que inclua a elaboração e a execução de projetos arquitetônicos e construtivos. Planejar os cenários para o esporte e o lazer é uma arte que deve ser aprimorada e aperfeiçoada pela gestão profissional.

3.1.1 Práticas e espaços

O esporte e o lazer são praticados basicamente de duas maneiras: (1) de modo autônomo, com indivíduos ou grupos escolhendo ou exercendo práticas em casa ou em outros locais – essa categoria engloba atividades como ver televisão, ouvir rádio, ouvir música em diferentes meios, ler, organizar festas e reuniões, jogar tanto jogos tradicionais quanto em meio digital, brincar, passear de bicicleta e fazer caminhadas; (2) por meio da utilização de serviços oferecidos por organizações formais (privadas, públicas ou do terceiro setor) – por exemplo, ir ao cinema ou ao teatro, ver apresentações de artes performáticas, como dança e música, ir a bares e restaurantes, viajar, ir a academias de ginástica, praticar esportes em piscinas, quadras e campos esportivos, frequentar parques temáticos e aquáticos, frequentar clubes ou centros de lazer etc.

Tendo em vista essas duas maneiras de vivenciar as experiências de esporte e lazer, criou-se um enorme sistema global composto por estruturas diferentes, porém igualmente associadas. A primeira é formada por organizações que produzem **meios** e **conteúdos**: gravadoras, editoras, fábricas de bicicletas e de jogos tradicionais ou digitais, estúdios de cinema, estações e estúdios de televisão, estações de rádio etc. Já a segunda contempla organizações que oferecem serviços em espaços projetados e construídos para essas finalidades, como clubes socioesportivos, centros culturais, museus, centros de artes performáticas, fundações culturais, organizações esportivas em geral (como ligas locais, federações regionais e confederações nacionais e mundiais), bibliotecas públicas, parques temáticos, parques aquáticos, hotéis e resorts e parques naturais.

Tecnicamente, esses espaços edificados ou organizados podem ser denominados genericamente de *equipamentos de lazer ou de esporte*. Embora sua criação seja milenar, remontando à Antiguidade Clássica, o conceito original pertence aos urbanistas franceses Coronio e Muret (1976, p. 17-18, tradução nossa):

> é necessário definir claramente aquilo que se entende quando se aborda a noção de equipamento. Trata-se primeiramente de um elemento material: os equipamentos correspondem a certo número de locais e de instalações construídas (um cinema, um ginásio) ou de espaços arranjados (um estádio, um parque urbano) ou até mais ou menos deixados em estado natural (uma floresta com área de passeio). Contudo, não se trata apenas disso. Encontra-se, com efeito, frequente e intimamente associado a esse aspecto material um elemento humano muito importante, o qual, em uma primeira abordagem, não impõe sua presença com a mesma força que o quadro físico que o abriga, sendo mais difícil de descobrir e perceber. Esse elemento, representado por uma instituição, um serviço, uma equipe, um órgão ou mesmo uma associação informal, será em numerosos casos a alma do equipamento.

As organizações da segunda estrutura utilizam permanentemente os conteúdos produzidos pelas organizações da primeira estrutura, que servem até mesmo como base de produção, disseminação e divulgação desses produtos – livros, peças, músicas etc. Em consequência, sugere-se sempre a adoção de uma perspectiva abrangente para o pesquisador, estudioso, técnico ou gestor do esporte e do lazer, qualquer que seja a área em que atua: por exemplo, as academias agregam cada vez mais lanchonetes ou cafés a suas instalações como parte importante do *mix* de negócios.

As pessoas e as coletividades adotam práticas cada vez mais diversificadas, seja em casa, seja em locais públicos, e a oferta deve corresponder de modo eficaz a essa escolha variada e eclética. O mercado se expande tanto em quantidade quanto em qualidade, e os gestores devem estar atentos às características desses fenômenos socioculturais.

3.1.2 Recursos físicos para esporte e lazer

Inúmeros produtos são oferecidos pelo mercado para as práticas esportivas. Muitos dos segmentos que os produzem têm metodologias de gestão há muito desenvolvidas e aperfeiçoadas, como estações de televisão, estúdios de cinema e gravadoras musicais, bem como estratégias sofisticadas de comunicação e *marketing*. À medida que as sociedades se desenvolvem e procuram melhorar os padrões de vida e de bem-estar de suas populações, cresce a oferta de equipamentos de esporte e lazer.

É um processo que já pode ser observado no Brasil, mesmo com as grandes diferenças e variações regionais e locais.

Nessa estrutura específica de oferta, caracterizam-se dois tipos básicos de recursos físicos:

a) Os espaços, ambientes e instalações. As áreas, construídas ou organizadas, como teatros, quadras, piscinas, campos de esporte, áreas de recreação nos parques naturais, arenas de espetáculos, estádios, casas de shows, resorts, parques aquáticos, parques temáticos, museus, centros culturais, e muitos outros, que denominamos genericamente de "equipamentos de lazer/entretenimento", são conjuntos de instalações e de ambientes destinados à oferta de serviços e de atividades previamente programadas.

b) Os materiais, mobiliários e maquinários utilizados nesses equipamentos de lazer/entretenimento. Por exemplo, tabelas de esporte, filtros de piscina, poltronas para teatro/cinema/auditório, projetores, equipamentos de som, mesas de som, elevadores e escadas rolantes, materiais esportivos em geral, caixas registradoras, equipamentos de iluminação, equipamentos de cenotécnica, balcões, mesas e uma infinidade de outros [itens] que não podem ser esquecidos em nenhum processo de gestão e de planejamento, pois envolvem custos e despesas, e são imprescindíveis para que os frequentadores possam ser bem atendidos.

Nos países desenvolvidos funcionam sistemas sofisticados e eficazes, oferecendo todo tipo de soluções tecnicamente testadas para praticamente tudo o que se queira implantar e fazer funcionar eficientemente. Como [...] arquibancadas rebatíveis (ou retráteis) movimentadas por sistemas eletrônicos (que substituíram sistemas elétricos anteriores), que aumentam enormemente a funcionalidade e a eficiência de instalações esportivas, arenas de espetáculos, auditórios e espaços de uso múltiplo.

O Brasil ainda não alcançou esse grau de desenvolvimento. Consequentemente, os gestores do lazer e do entretenimento, entre outras atribuições, podem estimular os setores produtivos a investirem nesses segmentos, para ampliar as possibilidades de implantar equipamentos de lazer mais funcionais e mais atrativos para a população. (Pina, 2016, p. 141-142)

Os dois tipos básicos de recursos físicos, como explicado, devem ser associados e integrados, em seu planejamento, primeiramente, e depois em sua utilização, no atendimento ao público e no funcionamento dos espaços desenhados e construídos.

3.1.3 Planejamento

No amplo e variado movimento histórico da evolução das ciências da gestão, mesmo com todas as mudanças do pensamento epistemológico e das abordagens práticas aplicadas ao contexto real das organizações e dos sistemas, o planejamento foi mantido como uma das principais funções da administração, como visto anteriormente. A essência do planejamento é intervir no presente de modo pensado e determinado para melhorar os resultados da ação no futuro.

Planejar é uma forma organizada de modificar o futuro de acordo com as condições do presente e as avaliações das tendências observadas e analisadas no passado. Sancho (1997, p. 25-26, tradução nossa) explica o que é planejar e apresenta algumas ideias sobre o planejamento:

> *Sem considerá-lo como uma definição, planejar consiste em se afastar ao máximo de toda improvisação, organizando, na medida do possível, de uma forma sequencial e estruturada, o devir dos acontecimentos, visando atingir finalidades, objetivos ou metas previamente determinados. [...]*
>
> *O planejamento, consequentemente, trata de estudar e analisar, de prever e ordenar todos os meios disponíveis ao serviço de uma causa, avaliando simultaneamente os resultados, obtidos ou não, e a eficácia do processo. Planejar, portanto, como se depreende de algumas das múltiplas definições que existem, consiste em prever, em se adiantar ao futuro, em ordená-lo de forma teórica antecipadamente. A modo de aforismo, pode-se dizer que o planejamento é pensar o futuro e planejar, pensar adiante. [...]*
>
> *O planejamento deve ser entendido como um processo encaminhado para a consecução de resultados determinados anteriormente, partindo de necessidades e se ajustando aos meios disponíveis. Sua sistemática, portanto, será função de diversos fatores, cambiantes segundo cada caso e circunstância – não existem planos universais –, figurando, entre eles, em toda lógica, os correspondentes a seus sujeitos elaboradores.*

Toda ação humana implica resultados, como pensar, avaliar, ponderar, estimar, estudar previamente os resultados que se pretende obter com uma ação, um empreendimento ou uma intervenção. Trata-se de uma preparação do e para o futuro imediato e mediato. Planejar também significa projetar as ações no horizonte temporal.

Sancho (1997) oferece uma classificação na qual são considerados três tipos de planejamento em função de sua determinação temporal:

1. de curto prazo, operacional ou imediato;
2. intermediário, tático ou de médio prazo;
3. estratégico ou de longo prazo.

O planejamento é o **processo**. Ao planejar, são elaborados planos, programas e projetos. Em muitas ocasiões, as expressões *plano, programa* e *projeto* são utilizadas de modo pouco claro, e até confuso, deixando dúvidas quanto a seu entendimento apropriado. Portanto, apresentaremos os significados dessas expressões, completando com processo, termo também entendido de maneira incorreta em várias situações. O gestor de esporte e lazer lidará permanentemente com esses termos, que devem fazer parte de seu acervo profissional.

Pela objetividade das explicações, adotamos o material disponível no *site* do professor Jairo Nogueira (2019), do Rio Grande do Sul, que utilizou como referência as definições do livro *Introdução à metodologia do planejamento social*, de Myriam Veras Baptista.

> *O plano delineia as decisões de caráter geral do sistema, as suas grandes linhas políticas, suas estratégias, suas diretrizes e precisa responsabilidades.*

> *O plano tem o sentido específico de sistematizar e compatibilizar objetivos e metas, procurando otimizar o uso dos recursos do sistema. Deve, ainda, fornecer referencial que permita continuar os estudos setoriais e/ou regionais, com vistas a elaborar programas e projetos específicos, dentro de uma perspectiva de coerência interna do sistema e externa, em relação ao contexto no qual o sistema se insere.*

Nogueira (2019) apresenta também uma versão do significado de programa:

> *O programa é basicamente um aprofundamento do plano: os objetivos setoriais do plano irão constituir os objetivos gerais do programa.* "É o

documento que detalha por setor a política, diretrizes, metas e medidas instrumentais. É a setorização do plano".

O programa estabelece o quadro de referência do projeto, no entanto, "é algo mais que um punhado de projetos, pois pressupõe, também, vinculação entre os projetos componentes".

Para Xavier e Chueri (2008, p. 3-4), "o Programa de Aceleração do Crescimento (PAC) do Governo Federal é composto por vários projetos e também atividades do dia a dia que não são projetos"; portanto, as atividades e os serviços permanentes, temporários e eventuais e o conjunto de projetos técnicos são elaborados e realizados ano a ano. O programa é muito mais do que um simples agregado de projetos: é a totalização das ações desenvolvidas no espaço de esporte e lazer, englobando atividades permanentes, periódicas, serviços, eventos e projetos agrupados por modalidades técnicas – recreativas, associativas, esportivas, artísticas, turísticas e ambientais.

Projeto

Projeto é um empreendimento planejado que consiste num conjunto de atividades inter-relacionadas e coordenadas para alcançar objetivos específicos dentro de prazo e recursos limitados. Um projeto é orientado para gerar resultados – bens ou benefícios – ou para prestar serviços específicos. Portanto, necessita de metas claras – medidas de resultados – e datas de início e término que atendam aos requisitos negociados e explícitos pelos envolvidos ou partes interessadas.

Fonte: Xavier; Chueri, 2008, p. 1.

Processo

O processo é definido por Almeida (2002, p. 2) como um conjunto de recursos (humanos e materiais) "dedicado às atividades necessárias à produção de um resultado final específico, independentemente de relacionamento hierárquico. A sequência de atividades que transforma insumos em produtos finais, ou serviços, de muito maior valor para o cliente final".

Já Oliveira (2006, p. 8) apresenta a seguinte definição: "Processo é um conjunto estruturado de atividades sequenciais que apresentam relação lógica entre si, com a finalidade de atender e, preferencialmente, suplantar as necessidades e as expectativas dos clientes externos e internos da empresa".

O planejamento é justificado por muitos autores que abordam o tema como vinculado e relacionado a finalidades, objetivos e metas. Novamente, Sancho (1997, p. 28, tradução nossa) oferece um esclarecimento sobre os termos:

> As finalidades são os motivos últimos e superiores pelos quais se empreende ou se executa uma ação, uma empresa. Estão em relação estreita com as necessidades. É a questão absoluta, o estado desejado. Alcança-se o fim quando se satisfaz a necessidade ou se resolve o problema.
>
> Por objetivos se entendem os resultados pretendidos, expressados em termos absolutos ou qualitativos. A consecução dos objetivos infere na consecução da finalidade.
>
> Quando se fala de metas, faz-se referência a aspectos concretos e específicos. As metas introduzem resoluções quantitativas e dados tangíveis à determinação dos objetivos.
>
> Porém, em cada caso, trata-se de finalidades, objetivos ou metas, que devem e necessitam ser expressados em termos precisos.

Portanto, as finalidades são as justificativas claras e precisas para se desenvolver a ação; os objetivos são os resultados pretendidos; e as metas representam a quantificação dos objetivos. Depreende-se claramente a articulação prática e funcional desses três fundamentos do processo de planejamento. Na realidade social, diferencia-se o planejamento com finalidades estritamente pessoais daquele com fins coletivos. No campo individual, ações, atitudes e procedimentos concernentes à vida pessoal produzem resultados que afetam poucos e com responsabilidades restritas. No campo organizacional (coletivo), as ações e os procedimentos geram resultados que afetam muitas pessoas e coletividades, com responsabilidades amplas e profundas.

Em um exemplo simples, a mudança nos horários de funcionamento de uma piscina pública afeta diretamente os frequentadores e exige uma ação planejada com antecedência, além de responsabilidade dos gestores. Planejar contribui para reduzir o imobilismo gerencial. Por isso devem ser evitados procedimentos que, embora sejam tecnicamente fundamentados, não tenham atribuições de responsabilidades, como cronogramas vagos ou mal estruturados, definição inadequada dos recursos necessários e metas incompatíveis com a realidade ou com as condições socioeconômicas, sociopolíticas e socioculturais observáveis ou identificáveis.

No campo organizacional, o planejamento está diretamente vinculado à missão, que orienta as finalidades, os objetivos e as metas (quantificação dos objetivos). Os resultados, os objetivos e as ações devem ser pensados e definidos com clareza, ao passo que as metas devem ser compatíveis com a realidade observada e com os recursos disponíveis.

3.2 Orientações metodológicas para o planejamento de espaços de esporte e lazer

Luiz Wilson Alves Corrêa Pina

Para pensar e desenhar os equipamentos de lazer, propomos a seguir algumas recomendações gerais, técnicas e formais. Essas considerações podem ser adaptadas, genericamente, aos espaços de esporte e lazer.

- Conforme as categorias de Marc Augé (1974), os equipamentos de [esporte e] lazer não devem ser um não lugar; os seus espaços não devem ser não lugares. Devem ser identitários, relacionais e históricos. Não são meros locais de passagem ou de visitas rápidas. Devem ter referências sociais e culturais para os seus frequentadores. Enfim, devem ser **lugares**, sempre.
- E são *locus* de integrais percepções. As sugestões seguintes reforçam essa assertiva. Seus frequentadores e/ou usuários devem encontrar estímulos – visuais, sonoros, estéticos, culturais, comportamentais – que ativem os fatores objetivos e subjetivos da percepção, enunciados e explicados por Okamoto (2002). Estes dois itens reforçam o que foi sugerido no primeiro [...].
- Os equipamentos de [esporte e] lazer devem ser atrativos e interessantes para quem os vê de fora, e devem estimular a atitude e a vontade de permanência, para quem está dentro. [...]
- É importante que tenham transparência visual e construtiva: quem está dentro vê o entorno urbano do local onde estão situados; e quem está fora pode enxergar o que ocorre no seu interior. É exatamente o contrário das "caixas fechadas" dos modelos de *shopping centers* de nossa era. O autor deste texto teve a oportunidade de observar uma solução interessante, em um dos Museus do Vaticano: naquela construção multissecular, foram feitas longas aberturas laterais em algumas das paredes, instalando-se esquadrias envidraçadas, permitindo que as pessoas dentro de um ambiente visualizassem outras áreas em diferentes níveis, ampliando a sensação de profundidade e contribuindo para tornar o espaço mais atrativo e mais "animado".
[...]

- Não é exagero repetir e relembrar: as atividades neles propostas e oferecidas devem estar diretamente relacionadas com a cultura local: país, região, estado, cidade, bairro. A diversidade cultural é critério fundamental. [...]
[...]
- O século XXI é decididamente a era da sustentabilidade, inclusive para projetar um futuro melhor para a civilização. O equipamento [e o espaço] de [esporte e] lazer, no seu planejamento e na sua construção, deve incorporar conceitos e metodologias de sustentabilidade ambiental, bem como as normas técnicas orientadoras, por exemplo as da Série ISO 14000.
- Referenciando Coronio e Muret (1976), não descuidar da anima do equipamento. Cuidados especiais na constituição do quadro de pessoal (recursos humanos). Devem ser multi ou pluridisciplinares, e espelhar as diversidades da população local. Escolher quadros com formação e experiência adequada para suas funções, e também treiná-los e prepará-los cuidadosamente. Equilibrar a multidisciplinaridade com as especializações técnicas e funcionais. Por exemplo: ter um profissional de ioga muito bem preparado para ser "professor de ioga" (o que é válido para todas as modalidades e atribuições).
- Os espaços de [esporte e] lazer devem ser sempre plenamente acessíveis a todos. No planejamento e na construção, seguir rigorosamente normas e conceitos de Acessibilidade Universal. No caso do Brasil, as normas da ABNT e as legislações, nacional, estaduais e municipais.
- Suas dimensões espaciais devem ser cuidadosamente estudadas, avaliadas e determinadas. Os espaços devem ser amplos e de pé-direito elevado. E explorar as características do **espaço vazio**. Esplanadas e praças internas descobertas, áreas livres dentro das construções, podem

representar espaços vazios, onde os frequentadores vão criar suas próprias opções de lazer e de entretenimento, e ampliar a arte da convivência. Um bom exemplo é a praça interna do Museu Maxxi (Museu do século XXI, inaugurado em 1999), em Roma, projeto da renomada arquiteta iraquiana Zaha Hadid. Parte da parede frontal da construção é coberta por um imenso espelho, que reflete os arredores e os componentes da cidade – prédios, casas, árvores, ruas, veículos –, criando novos visuais para os que estão descansando, conversando, lendo ou em contemplação ociosa naquele espaço vazio da praça.

- Seus espaços devem incorporar critérios de uso de iluminação e ventilação naturais.
- Diversificar ao máximo a programação das atividades oferecidas quanto às modalidades, aos públicos, às preferências da população. Devem oferecer experiências de [esporte e] lazer para todos, sem privilegiar algum público específico.
- Fundamental prever as estruturas, recursos e metodologias de gestão. O equipamento de [esporte e] lazer é composto basicamente por quatro setores: **Administração**, **Programação**, **Manutenção** e **Comunicação**. Não deve ser menosprezado um fator da realidade: são caros para construir e caros para manter em funcionamento. Sua gestão deve ser muito bem preparada e exercida com competência.
- Todos os processos de planejamento, desenho, construção, operação e gestão devem ser realizados sempre de acordo com a premissa de sua apropriação pelo público frequentador/usuário. Este deve sentir, perceber, constatar, do nível da percepção para o da consciência, que os espaços são para o livre e integral usufruto do seu lazer.

Fonte: Pina, 2017, p. 66-68.

Essas recomendações são sugeridas com a finalidade de estimular estudos e debates sobre o tema. Os gestores dos espaços de esporte e lazer podem, com base em sua atuação e experiência, formular outras considerações pertinentes, contribuindo para a construção do conhecimento sobre o assunto.

3.2.1 Planejamento de espaços de esporte e de lazer

O planejamento de espaços de esportes e de lazer, no Brasil, ainda não recebe muita atenção por parte das lideranças públicas e privadas, nem mesmo quando elas decidem construí-los, quaisquer que sejam suas finalidades e seus modos de operação – atendimento social da população de um bairro, região ou cidade, fornecimento de serviços com objetivos comerciais e empresariais etc. Este não é um juízo de valor, mas um fato observado e constatado em 40 anos de vida profissional na área.

Sobre esse assunto, podemos propor um desafio: contate um escritório de arquitetura que esteja elaborando o projeto de um centro esportivo ou de um local de lazer (como um parque urbano) e ofereça seus conhecimentos técnicos para colaborar com o trabalho; provavelmente, seus serviços não serão considerados necessários. Procure o secretário municipal de esportes e de lazer de uma cidade que esteja projetando um ginásio e faça a mesma oferta; é bem provável que obtenha a mesma resposta negativa. Em resumo, o Brasil ainda não valoriza a participação do profissional de esporte e lazer no planejamento dos espaços, mesmo que seja solicitado para trabalhar quando o local começa a funcionar – em outras palavras, esse profissional trabalha em ambientes que não ajudou a pensar ou a planejar.

O mesmo tema geralmente não é objeto de estudos, pesquisas e publicações. Mesmo no panorama mundial, são poucas as obras escritas a esse respeito. A obra *Planification, aménagement et loisir*, do professor franco-canadense Robert Soubrier (2000), por exemplo, é a primeira obra em francês a abordar os aspectos teóricos e metodológicos dos equipamentos de lazer e dos espaços verdes, conforme exposto em sua contracapa. Na mesma linha de raciocínio, Ribeiro (2011) resume a história e os procedimentos atuais no campo da implantação de espaços de esporte e lazer no Brasil até a época atual. Suas acuradas observações foram indubitáveis e, infelizmente, confirmadas pelos procedimentos de definição e de construção dos equipamentos para a Copa do Mundo de 2014 e para os Jogos Olímpicos de 2016: "A realização de uma instalação esportiva ou de lazer bem-sucedida é resultado de um bom planejamento. Todavia, raras vezes o projeto e a construção de estádios, arenas, ginásios, piscinas ou centros de recreação e lazer etc. é precedido de adequado planejamento." (Ribeiro, 2001, p. 27-28).

Com base em uma série de erros que observou ao longo de sua carreira profissional, Ribeiro (2011, p. 27) afirma que

A causa desses equívocos não é outra senão insuficiente dedicação de tempo, esforço e conhecimento especializado durante o processo de planejamento. Quanto mais cedo se detecta o erro, menos cara se torna sua retificação. Não custa nada corrigir erros no papel, muito pouco em plantas ou desenhos digitalizados e [é] extremamente dispendioso ou quase impossível fazer correções após o concreto ter sido lançado.

O impacto de uma construção mal planejada é muito mais grave do que qualquer outro problema de gerenciamento. Uma administração problemática ou pessoas podem ser substituídas. Recursos podem ser levantados para instalações eventualmente suborçadas. Contudo, as consequências de planejamento inadequado irão perdurar por décadas, razão pela qual todos os cuidados devem ser despendidos desde o início e no decorrer de todo o processo de planejamento.

O mesmo autor aponta outro aspecto fundamental: "Ocorre que um empreendimento destinado a esportes e recreação é de característica multidisciplinar, exigindo em seu planejamento o concurso de especialistas de diversas áreas, os quais deverão se constituir em um comitê de planejamento do projeto" (Ribeiro, 2011, p. 28).

Com o objetivo de disseminar alguns dos conhecimentos sobre o tema para estudos posteriores e práticas profissionais, serão apresentados, a seguir, quatro processos de planejamento de espaços de esporte e lazer. Muitos deles apresentam pontos em comum e diferenciações formais e técnicas, o que estimula o debate e a pesquisa.

Os processos foram extraídos de quatro livros de referência entre as poucas obras existentes sobre o assunto: *Novos espaços para esporte e lazer: planejamento e gestão de instalações para esportes, educação física, atividades físicas e lazer*, de Fernando Telles Ribeiro (2011); *Planejamento de equipamentos de lazer*, de Luiz Wilson Pina (2014); *Planification, aménagement et loisir*, de Robert Soubrier (2000); e a obra coletiva *Facility Design and Management: for Health, Fitness, Physical Activity, Recreation, and Sports Facility Development*, organizada por Thomas H. Sawyer (2005). A relevância desta última obra, atualmente em sua 13ª edição, pode ser reforçada pelo período em que ela foi publicada pela primeira vez, em 1946, sob responsabilidade do Conselho de Instalações e Equipamentos da Sociedade de Educadores de Saúde e Física[1] (Aahperd), uma ONG estadunidense que congrega milhares de profissionais que atuam em áreas de interesse, existente desde 1885. É válido ressaltar que, mesmo em inglês, são pouco numerosas as obras publicadas especificamente sobre planejamento de equipamentos e instalações de esporte e lazer.

Confira a seguir os processos de planejamento propostos pelos autores indicados anteriormente.

---

[1] Para outras informações, consulte o *site* da Aahperd: <http://www.aahperd.org>.

Processo proposto por Robert Soubrier

A metodologia de Robert Soubrier (2000, p. 61, tradução nossa) é abrangente e compreende variados tipos de equipamentos, princípio metodológico que é explicado pelo autor da seguinte forma:

> Assim, pode-se conceber o lazer como um domínio que engloba os grandes setores de atividades que se desenvolvem durante o tempo livre das pessoas. O processo de planejamento, o procedimento de pesquisa, os métodos e as técnicas descritos nesta obra se aplicam aos equipamentos culturais, turísticos, esportivos, ao ar livre e comunitários em geral, geridos pelo sistema público ou privado.

O processo proposto por esse autor é divido em nove fases, conforme exposto a seguir.

Fase 1 – Emergência (início, surgimento da proposta): criação de um projeto com a primeira ideia do que fazer e identificação dos problemas a serem resolvidos.

Fase 2 – Elaboração dos objetivos: desenvolvimento do projeto e do estudo.

Fase 3 – Método de coleta de dados: sistema interno e externo; meio físico, natural e artificial (construído, organizado); elementos humanos, comportamentos e demografia; organização responsável pelo planejamento e pela gestão, oferta de serviços e de atividades; fatores políticos, poderes e regulamentações; fatores econômicos para investimento e funcionamento.

Fase 4 – Coleta das informações (dados): sistema, organograma e organizações; meio físico, inventário e capacidade de carga; elementos humanos, entrevistas e questionários; organização responsável, inventário e consultas; fatores políticos, processos verbais e zoneamento; fatores econômicos, custo de construção e custo de operação.

Fase 5 – Síntese: análise, balanço geral e síntese.

Fase 6 – Elaboração de conceito: plano físico; plano organizacional; plano de atividades; plano de financiamento.

Fase 7 – Elaboração de programa: preâmbulo; apresentação; necessidades específicas; contexto urbano; princípios de funcionamento (como se estrutura o funcionamento); atividades e espaços necessários; prazos e custos.

Fase 8 – Realização: planos, projetos e construção.

Fase 9 – Avaliação: das realizações e do processo.

- **Processo proposto por Fernando Telles Ribeiro**

Em sua obra *Novos espaços para esporte e lazer: planejamento e gestão de instalações para esportes, educação física, atividades físicas e lazer*, publicada em 2011, Fernando Telles Ribeiro faz uma análise comparativa dos processos de planejamento adotados nos Estados Unidos, na França, no Canadá e no Reino Unido como base para sua proposta técnica, agrupada em oito guias:

Guia 1: adequar-se às normas vigentes; prezar pelo uso e pelo conforto de pessoas com deficiência.

Guia 2: desenvolver um Plano Diretor para a instalação:

> Os formatos dos planos diretores para a instalação podem diferir de uma organização para outra. Contudo, são basicamente compostos pela previsão de aquisições de curto e longo prazos, renovações e/ou novas construções. Os planos incluem todos os possíveis desenvolvimentos comunitários e regionais, as áreas mais apropriadas para possíveis expansões, mudanças demográficas previstas, bem como futuras necessidades de mudanças programáticas. A projeção de longo prazo do Plano Diretor Geral é usualmente de cinco a dez anos e a projeção para curto prazo é de um a quatro anos. Em algumas circunstâncias, as organizações também adotam uma visão projetada de 10 a 20 anos. O desenvolvimento e a manutenção do Plano Diretor é um processo contínuo e permanente caracterizado por períodos de intenso planejamento. (Ribeiro, 2011, p. 29)

Guia 3: utilizar uma abordagem participativa, visto que o "preceito fundamental no planejamento de instalações esportivas e de lazer é a visão dos usuários a ser conhecida por meio da consulta a seus representantes legítimos ou formais, bem como ouvir a opinião dos atuais e futuros operadores de instalações existentes ou a serem construídas" (Ribeiro, 2011, p. 31).

Guia 4: pesquisar fontes de recursos financeiros.

Guia 5: organizar um comitê de planejamento do projeto:

> Uma vez que um projeto de instalação tenha sido aprovado, um comitê de planejamento de projeto deve ser estabelecido para reunir e organizar toda informação pertinente ao projeto e tomar as decisões cabíveis. A formação desse comitê usualmente consiste de membros selecionados do departamento responsável (especialistas em programas), administradores, o responsável pela empresa de arquitetura (exofficio), um consultor em instalações (exofficio), representantes de grupos de usuários e profissionais de manutenção. Engenheiros são normalmente incluídos como membros. (Ribeiro, 2011, p. 33)

Guia 6: avaliar a instalação quando ela for renovada, expandida ou substituída.

Guia 7: desenvolver o documento de conteúdo do programa para o arquiteto:

> Este documento descreve todos os programas atuais, bem como as atividades propostas e os eventos previstos, além dos espaços necessários para a prática adequada dessas atividades e os requerimentos necessários. Na seção inicial do documento do programa, são estabelecidos metas e objetivos a serem alcançados em cada área funcional do programa. As metas são definidas como condições desejáveis a alcançar e os objetivos definidos como resultados específicos a serem obtidos em relação às metas do programa. (Ribeiro, 2011, p. 36)

Guia 8: utilizar planejadores profissionais – profissionais de planejamento, especialistas em programas, consultores de instalações específicas, arquitetos (um dos membros centrais do comitê de planejamento), engenheiros, paisagistas, empreiteiros etc.

Ribeiro (2011, p. 40, 42) ainda esclarece que "especialistas em programas são normalmente indivíduos ativamente engajados em programas para os quais a instalação está sendo planejada".

Ao elaborar um projeto, o arquiteto – que tem um papel central no comitê de planejamento – segue três fases: pré-planejamento, plano esquemático e desenvolvimento do projeto. Posteriormente, esse profissional acompanha a licitação da obra e a construção (Ribeiro, 2011).

Processo proposto por Thomas H. Sawyer

A editora norte-americana Sagamore Ventura Publishing é provavelmente a única organização especializada em publicações de lazer e recreação. Ela costuma lançar edições sucessivas de uma obra coletiva editada por Thomas H. Sawyer sobre o *design* de instalações para recreação e esportes. O livro apresenta um sofisticado processo de planejamento de espaços para esporte e lazer, resumido a seguir.

Os procedimentos são iniciados pela elaboração do *master plan*, ou plano diretor do espaço a ser construído, o qual é composto pelas seguintes etapas:

- Determinação de um Comitê de Programa Ad hoc, constituído por especialistas em programas, usuários finais, consultores financeiros, especialistas em manutenção, representantes comunitários, gestores e especialistas em instalações (específicas).
- Organização de reuniões e início da elaboração do Plano Diretor.
- Identificação e confirmação das finalidades e dos objetivos da organização. No caso, a organização responsável pelo empreendimento deverá construir e operar as instalações.

- Síntese e avaliação dos resultados obtidos.
- Elaboração do Programa das instalações; objetivos do programa; princípios e critérios básicos (dimensões, estudos demográficos, prioridades, fatores locacionais, possibilidades de expansão futura); análise comparativa com outras instalações existentes; estudo dos fatores intervenientes no processo, como legislação e aspectos legais, possibilidades de uso pela comunidade, novos serviços etc.; apresentação dos programas existentes e futuros, na cidade ou comunidade; determinação preliminar do prazo das novas instalações propostas.
- Análises regionais; demanda potencial da região (ou comunidade), cultura e influências regionais, rotas de acesso, outras instalações existentes.
- Análise do local; estudos locacionais, como zoneamento, suprimento de insumos (energia, água), estrutura de saneamento ambiental existente, clima local e regional, recursos paisagísticos e qualidades geológicas e geográficas.
- Master Plan Agenda; composição do Plano Diretor, com descrição das instalações, tipos de estruturas físicas e custos dos investimentos na construção e distribuição espacial das instalações.
- Revisão e discussão do Plano Diretor.
- Preparação do Plano Diretor Preliminar.
- Revisão do Plano Diretor Preliminar.
- Revisão do Plano Diretor para aprovação.
- Documentação e disseminação do Plano Diretor; organização dos documentos elaborados no processo; divulgação do Plano Diretor para a cidade, a comunidade, os poderes públicos, o setor privado e os cidadãos (prioritários no processo).
- Processo de elaboração de correções no Plano Diretor; atualização e revisão posteriores, para melhor ajustar o

Master Plan às condições locais, aos recursos, às exigências legais e aos interesses dos cidadãos ou usuários.
- Implementação do Plano Diretor; formação do time de *design*, com membros do Comitê de Programa e uma composição multidisciplinar de profissionais, como engenheiros, especialistas e arquitetos.
- Seleção e determinação do escritório de arquitetura para elaborar o projeto.
- Pesquisas para o desenvolvimento das instalações.
- Estudo e elaboração dos requisitos para Operação e Manutenção.
- Estudo dos requisitos espaciais para as instalações.
- Revisão de pré-desenvolvimento; estudo das instalações definidas no Plano Diretor previamente à elaboração do projeto arquitetônico.
- Análise funcional das instalações previstas.
- Estudo comparativo do local, das funções dos espaços e das formas de uso do solo e do terreno.
- Refinamento e elaboração do Projeto Arquitetônico geral (Site Plan, ou plano local).
- Documentação para a construção; plantas do projeto; documentos para o cumprimento dos requisitos legais; autorizações etc.
- Realização da concorrência para as obras;
- Construção em fases previstas no Plano Diretor;
- Inspeção das edificações e dos espaços concluídos;
- Preparação de manuais de operação e de manutenção;
- Inspeção final e aceitação dos espaços completos;
- Elaboração dos contratos de manutenção;
- Revisão final do Plano Diretor e de sua adequação às finalidades pretendidas.

Fonte: Sawyer, 2005, p. 36-52, tradução nossa.

A obra de Sawyer (2005) reúne ensinamentos e experiências referentes ao planejamento de espaços na América do Norte e se constitui como uma referência importante para os interessados no tema.

- **Processo proposto por Luiz Wilson Alves Corrêa Pina**

No livro *Planejamento de equipamentos de lazer*, Luiz Wilson Pina propõe, para a implantação desses espaços, um processo de planejamento composto por quatro etapas principais[2], subdivididas em várias outras:

Concepção

- Formação de um comitê profissional de trabalho multidisciplinar.
- Elaboração de diagnóstico (participativo).
- Escolha do local (facilidades e restrições).
- Elaboração de estudos locacionais.
- Elaboração da programação do equipamento (atividades permanentes, temporárias e eventos).
- Elaboração do Programa Sociocultural do Equipamento (descrição detalhada da composição física).
- Estudo de viabilidade técnica, econômico-financeira, sociocultural e ambiental.

Elaboração de projetos

- Escolha e contratação de escritório de arquitetura.
- Apresentação do Programa Sociocultural do Equipamento pelos profissionais do lazer.

---

[2] O texto que descreve todo o processo pode ser conferido em Pina (2014, p. 122-142).

- Elaboração do Projeto Arquitetônico e dos Projetos Complementares em cumprimento estrito da legislação vigente e das normas técnicas ABNT e órgãos regulamentadores governamentais) e dos requisitos técnicos de cada área (esportiva, de eventos, de espetáculos).
- Análise de gestão de risco do projeto geral.
- Análise do ciclo de vida do equipamento.
- Determinação da capacidade de carga ou de atendimento das instalações componentes do equipamento.
- Apresentação formal do projeto arquitetônico.

Construção e execução da obra

- Contratação da obra ou do conjunto de obras.
- Acompanhamento da construção.
- Finalização da obra e preparação para funcionamento.

Início do funcionamento operacional

- Montagem da estrutura de funcionamento.
- Elaboração do organograma e do quadro de pessoal (recursos humanos).
- Montagem da logística operacional, com materiais de uso para cumprir suas finalidades de atendimento ao público.
- Preparação para abertura.
- Elaboração do Plano de Marketing e Comunicação.
- Etapa de pré-inauguração (*soft opening*).

Para concluir essa breve apresentação de processos de planejamento, devemos observar que, para os interessados no tema, existem obras publicadas com informações que podem contribuir para a melhoria das implantações desses espaços, conforme as que foram citadas nesta seção. Esperamos que outras obras sejam editadas e apresentadas para a construção do conhecimento que fundamenta as experiências práticas.

3.3 Processos de manutenção de espaços e equipamentos de esporte e lazer

Luiz Wilson Alves Corrêa Pina

Sabemos que os recursos físicos se desgastam com o tempo e com o uso contínuo por parte dos usuários. Por isso, procedimentos de manutenção devem ser sempre incluídos na gestão desses recursos (espaços, materiais, mobiliários e equipamentos) para garantir a qualidade do atendimento e das atividades realizadas.

3.3.1 Importância da manutenção

Nos espaços de esporte e lazer brasileiros, observa-se uma tendência à priorização de atividades administrativas, de programação e de animação, descuidando-se da manutenção das instalações. Por exemplo, em abril de 2018, a vegetação de um grande parque da capital de São Paulo foi beneficiada pelas chuvas; todavia, as plantas rasteiras (grama e capim) cresceram demais pelo mesmo motivo. A época era a mais adequada para podá-las, visto que elas suportariam melhor o período de estiagem, que vai de abril a setembro/outubro; assim, quando voltassem as chuvas, elas rebrotariam com vigor. A vegetação rasteira, se não for corretamente podada, pode se transformar em um risco permanente de incêndio. Essa é uma questão elementar de manutenção em um espaço de esporte e lazer como o referido parque, que tem várias quadras e campos de esporte.

Uma manutenção malfeita pode aumentar o risco de acidentes e incidentes nas instalações construídas, como quadras, ginásios, piscinas, playgrounds, salas de ginástica, vestiários e sanitários. O caso a seguir demonstra a seriedade dessa questão.

> Em um ginásio relativamente novo, com piso de madeira, não foi observado pela equipe de manutenção que havia uma lasca na junção de duas tábuas. Durante uma partida de vôlei, uma pessoa caiu e sofreu um grave corte na perna. A organização responsável, por decisão judicial, cobriu os custos do tratamento e da cirurgia plástica restauradora pela qual a vítima foi obrigada a passar.

Conforme é possível perceber, instalações com manutenção deficiente representam um risco permanente para os usuários, com possibilidades concretas de prejuízos para todos, visto que podem acarretar o custo adicional da intervenção de serviços médicos para atendimento das pessoas acidentadas ou feridas.

Além dos problemas citados, podemos elencar como consequência de uma manutenção ausente ou malfeita a perda na qualidade do atendimento, a redução da capacidade de oferta das atividades e a deterioração gradativa e, consequentemente, o envelhecimento precoce das instalações. Manutenção mal executada significa deterioração mais rápida das instalações de esporte e lazer, que exigirão investimentos futuros ainda mais elevados para sua reforma ou recuperação. Os equipamentos de uso e os mobiliários passam pela mesma situação: exigem consertos e trocas com frequência cada vez maior, com o evidente incremento de custos de funcionamento.

3.3.2 Estruturação do setor de manutenção

Os espaços de esporte e lazer são geridos basicamente por quatro setores: administração, programação, manutenção e comunicação.

No caso do setor de manutenção, é necessário que ele seja estruturado de maneira conjunta com as demais áreas, a fim de garantir o bom funcionamento dos espaços de esporte e lazer.

Cabe a esse setor definir ou reformular o quadro de recursos humanos e a logística operacional de equipamentos, mobiliário e materiais (Pina, 2016).

Para garantir um sistema de manutenção adequado a espaços maiores ou a um conjunto de espaços, recomenda-se os seguintes procedimentos (Pina, 2016, p. 152):

> definição das funções, considerando a composição das instalações e suas modalidades; determinação das tarefas, com cronograma conforme as necessidades de cada equipamento, mobiliário e material; montagem do quadro de pessoal; estruturação dos contratos de serviços terceirizados; [...] determinação do fluxo e da responsabilidade das ordens de serviço, que alimentam o sistema de manutenção.

Recomenda-se que esse setor faça parte do sistema de gestão desses espaços e seja definido no quadro de recursos humanos e na logística operacional de equipamentos, mobiliário e materiais, no caso de um empreendimento novo, ou que seja reformulado, no caso de um recurso físico já existente.

3.3.3 Sistema geral de manutenção

Como resultado da implantação do setor de manutenção, pode ser montado o sistema geral de manutenção do espaço ou do conjunto de espaços, composto pelo quadro de procedimentos técnicos adotados por esse setor. Essa ação faz parte do processo de estudo do ciclo de vida do empreendimento, que seria a definição de quanto tempo ele funcionará sem necessitar de reforma ou de reformulação. Também deve ser definido cuidadosa e previamente o cronograma das intervenções nos recursos físicos, como pintura, substituição de revestimentos, coberturas e pisos, troca de mobiliários, equipamentos e materiais, renovação de recursos tecnológicos e troca de sistemas operacionais.

A importância de se estruturar um setor de manutenção nos espaços de esporte e lazer em nosso país pode ser enfatizada pela observação de Neto, Peres e Cardoso (2011, p. 12): "nos dias de hoje, no Brasil, ainda é muito operante a manutenção corretiva – boa parte dos colaboradores das organizações, envolvidos em manutenção, ainda se sentem realizados quando executam uma boa manutenção corretiva". No entanto, o sistema de manutenção deve atuar de acordo com três modalidades: corretiva, preventiva e preditiva, a fim de atingir um padrão de qualidade necessário e suficiente, que assegure as boas condições de funcionamento dos espaços e das instalações (Neto; Peres; Cardoso, 2011).

Devem ser incluídos também os trabalhos de elaboração e de efetivação dos contratos com as empresas terceirizadas e fornecedoras que prestam esse tipo de serviço; a montagem de um quadro geral de garantia de cada equipamento, mobiliário e material e da construção propriamente dita; a escolha dos *softwares* mais adequados para os trabalhos de manutenção de acordo com a atual evolução tecnológica. Além disso, é fundamental escolher indicadores de avaliação do sistema, determinados por profissionais qualificados desse setor técnico.

As mesmas etapas podem ser seguidas nas situações práticas e operacionais de espaços menores, como quadras cobertas, piscinas e bibliotecas públicas, devendo-se sempre adaptar os procedimentos e as estruturas a suas características, que exigem uma quantidade muito menor de tarefas e de funções.

3.3.4 Papel do gestor de espaços de esporte e de lazer

Se você for um gestor de espaços de esporte e lazer, não terá necessariamente de entender de manutenção como pré-requisito funcional, pois essa é uma atribuição para especialistas da área. Deve ficar claro, entretanto, que esses profissionais custam caro, pois devem ter formação técnica específica – geralmente, a contratação de um profissional com qualificação e experiência na área é viável para grandes instituições, para complexos de esporte e lazer com espaços amplos e instalações de dimensões consideráveis.

No caso de uma arena de espetáculos, equipamento originalmente esportivo, mas com conceito polivalente para sediar eventos diversos (shows, grandes apresentações etc.), o setor de manutenção deveria ser gerenciado por um engenheiro especializado nesse ramo de atividade.

Costuma-se dividir as funções da equipe de manutenção, definindo-se algumas atribuições para os colaboradores permanentes e outras aos serviços terceirizados, geralmente empresas com contrato firmado entre as partes para maior segurança da organização gestora do equipamento de esporte e lazer. Essa organização se aplica a todos os tipos de equipamentos, até mesmo quanto ao porte e à capacidade de atendimento, dos menores aos maiores.

Para os espaços menores, situação mais frequente no Brasil, sugere-se que um funcionário do quadro seja encarregado do setor, com as atribuições de montá-lo e de criar o sistema de manutenção. Grande parte dos serviços pode ser executada pelos demais órgãos da prefeitura ou do governo estadual, se o espaço for público – profissionais e empresas terceirizadas também podem ser contratados para atividades específicas.

Espaços de esporte e lazer que contam com um setor de manutenção bem formatado, atuante e profissional mantêm as qualidades de atendimento e de funcionamento por mais tempo, visto que esses ambientes exigem, a médio e longo prazo, menos reformas ou recuperações, o que resulta na redução de gastos operacionais. Por exemplo:

> Durante o desenho e a operação de uma instalação de esporte e lazer, um dos mais importantes fatores para a gestão compreender e tomar providências é o uso de energia. Diante de um futuro com um sempre crescente custo de insumos, os gestores devem deixar de lado os velhos

procedimentos operacionais e instalar novas tecnologias projetadas para reduzir o montante de energia necessário para a operação. (Sawyer, 2005, p. 176, tradução nossa)

Já é corrente o conceito de "prédio inteligente", no qual sistemas informatizados controlam o funcionamento de algumas ações. Os espaços de esporte e lazer devem, hoje e no futuro, ser inteligentes, com sistemas que controlam o uso da água e dos elevadores, o consumo de energia e a iluminação artificial das áreas abertas e fechadas, por exemplo.

Os recentes enfoques ambientais contribuem para isso, conforme podemos observar na arquitetura e na engenharia sustentáveis.

Fique atento!

A certificação Leadership in Energy and Environmental Design (LEED), concedida pela organização não governamental Green Building Council – representada por 21 países, incluindo o Brasil –, é concedida a edificações que seguem critérios comprovados de redução de insumos de origem natural (energia, água etc.) e de resíduos gerados (lixo seco, esgoto etc.). Empreendimentos futuristas em esporte e lazer devem seguir tais critérios e obter a Certificação LEED.

Essas providências devem ser consideradas e enquadradas no processo de planejamento dos espaços de esporte e lazer, os quais consomem recursos naturais e produzem resíduos de várias espécies. Devem ser parte de sua concepção, de seu projeto, de sua construção e operação. Podemos citar como exemplo a instalação de um sistema de ar-condicionado central projetado para aquecer a água – a água aquecida é essencial para vestiários e piscinas cobertas –, que se constitui em uma medida efetiva e eficaz de redução de consumo de energia e de diminuição de custos de funcionamento.

Consequentemente, o setor de manutenção deve estar preparado para gerenciar esses sistemas modernos digitalizados e para ser responsável, em conjunto com os demais setores, pela sustentabilidade dos espaços e pela redução dos custos operacionais. Embora você, gestor de espaços ou estudante que se prepara para exercer esse papel profissional, não precise ser um conhecedor do assunto, deve pelo menos compreender a importância da manutenção para o eficiente funcionamento dos recursos físicos no esporte e no lazer.

Como conclusão, podemos transcrever outra observação de Neto, Peres e Cardoso (2011, p. 10). "A manutenção [...] é considerada estratégica para as organizações, pois ela garante a disponibilidade dos equipamentos e instalações com confiabilidade, segurança e dentro de custos adequados".

3.4 Aspectos legais referentes à gestão de espaços e equipamentos de esporte e lazer

Luiz Wilson Alves Corrêa Pina

O texto a seguir foi escrito por um autor que não é graduado em Ciências Jurídicas (nome mais apropriado do que Direito) nem advogado credenciado pela Organização dos Advogados do Brasil (OAB); entretanto, ao longo de sua vida profissional, teve necessidade de procurar informações e orientações sobre assuntos jurídicos diretamente relacionados ao seu trabalho de planejamento. Assim, o conteúdo deve ser lido como um conjunto de recomendações para os gestores (estudantes e pesquisadores) leigos, para que tenham algumas noções preliminares sobre as questões concernentes ao direito e evitem, dessa maneira, equívocos e erros elementares.

Caso ocorra algum problema no espaço de esporte e lazer ou exista alguma dúvida sobre aspectos legais que interfiram na ação ou no funcionamento operacional do local, a recomendação primordial é: consulte um(a) advogado(a).

A seguir, apresentaremos um conjunto de orientações de leitura e de informações sobre questões jurídicas para evitar riscos ou minimizar seus efeitos.

3.4.1 Esporte, lazer e direito

Como todas as ações humanas, o esporte e o lazer são regulados pelo arcabouço legal da sociedade, construído ao longo de séculos e continuamente renovado e reformulado. Os documentos legais que o compõem são produzidos pelos entes federativos (Federação, estados e municípios), com seus respectivos parlamentos, Congresso Nacional, Assembleias Legislativas (nos estados) e Câmaras Municipais (nos municípios).

Se o gestor do espaço de esporte e lazer tiver formação em Ciências Jurídicas e Sociais (nome oficial dos cursos de Direito), dominará os fundamentos legais para seu funcionamento. Caso contrário, é interessante se informar a respeito de algumas noções básicas que constam neste tópico como informação inicial, pois o assunto é imensamente vasto. É simplesmente uma primeira orientação para os interessados, a qual relaciona alguns fundamentos para a ação e o trabalho como líder e gestor.

Em muitos materiais, repete-se que o esporte e o lazer são confirmados como direitos dos cidadãos nos art. 6º, 217 e 227 da Constituição de 1988 (Brasil, 1988). Eles estão relacionados a outros direitos sociais fundamentais, os quais compõem a base e o princípio para definir, elaborar e aplicar políticas públicas que beneficiem toda a população.

3.4.2 Estatuto da Cidade, Plano Diretor Participativo e demais instrumentos legais

A preocupação com a ordenação jurídica do espaço urbano data da década de 1930. A primeira iniciativa concreta de organização foi o Plano Diretor de Desenvolvimento Integrado da Cidade de São Paulo, aprovado por lei em 1971. Posteriormente, outros municípios elaboraram planos diretores com essa mesma denominação, utilizada até recentemente.

A Constituição de 1988, em seus arts. 182 e 183, determina que todos os municípios com mais de 20 mil habitantes devem elaborar seu Plano Diretor, a ser aprovado pela respectiva Câmara Municipal. Em outras palavras, o Plano Diretor deve ser objeto de lei aprovada pela Câmara Municipal (que atua em todo o processo) e sancionada pelo prefeito.

Outro marco dessa evolução foi a promulgação da Lei n. 10.257, de 10 de julho de 2001 (Brasil, 2001) – conhecida como *Estatuto da Cidade* –, que regulamenta os artigos citados e estabelece as diretrizes gerais da política urbana. Em seu art. 4º, essa lei define que o planejamento municipal deve ser executado por meio de vários instrumentos complementares entre si, a iniciar pelo Plano Diretor.

A Administração Municipal – Poderes Executivo (Prefeitura) e Legislativo (Câmara de Vereadores) – distribui as atividades pelo território urbano, delimitando áreas com permissões e restrições. Ao Plano Diretor cabe definir as áreas urbanas em que podem ser implantados espaços de esporte e lazer, entre todas as demais atividades humanas que se concentram nas cidades (educação, comércio, indústria, serviços, saúde).

||| *Importante!*

No Brasil, desenvolveu-se a metodologia do **Plano Diretor Participativo**, que busca envolver os cidadãos nesse processo por meio de instrumentos técnicos usuais, como audiências públicas, consultas com pesquisas, debates, parcerias de agentes sociais e universidades.

Como visto, o esporte e o lazer exigem áreas bem dimensionadas, e a ocupação do território da cidade deve ser pensada e planejada de modo a deixar terrenos disponíveis e livres para a implantação desses espaços.

Portanto, uma das primeiras atitudes do gestor de esporte e lazer é consultar o Plano Diretor da cidade na qual trabalha, a fim de descobrir o que esse documento define e propõe para o município – por exemplo, quais são os terrenos reservados para a implantação desses espaços. Se o Plano Diretor não for satisfatório nesse sentido, o gestor pode, pelo menos, apontar essa questão para as autoridades locais, para futuras revisões ou edições de um novo plano.

3.4.3 Planos setoriais de entes federativos

Em vários países são elaborados e aprovados por lei os Planos de Cultura, de Esporte, de Lazer ou de Recreação e de Turismo como parte importante das políticas públicas. Esse procedimento ainda não está totalmente disseminado no Brasil, embora nas últimas décadas tenha ocorrido um avanço importante nos três níveis de governo (União, estados e municípios). O setor do turismo se destaca por meio de diversos municípios que preparam e aprovam planos com critérios técnicos e metodologia com embasamento teórico. Destaca-se também o Plano Nacional de Turismo 2013-2016, de responsabilidade do Ministério do Turismo. Em 2016, a grande metrópole de São Paulo elaborou seu Plano Municipal de Cultura, que foi preparado com a mesma metodologia participativa do Plano Diretor.

O gestor de esporte e lazer deve verificar se na cidade na qual trabalha foi criado um plano nesses setores. Em caso afirmativo, pode utilizá-lo permanentemente como material de referência e orientação. Se o município tiver vocação turística, por exemplo, é muito provável que tenha um plano elaborado e aprovado para a área. Mesmo que esse planejamento seja de outras áreas (cultura, turismo, turismo ambiental), como todos os setores estão inter-relacionados e apresentam semelhanças, geralmente é possível encontrar diretrizes e medidas que contemplem, se não direta, pelo menos indiretamente o esporte e o lazer.

O gestor também poderá exercer alguma influência junto com as autoridades locais para que, com o tempo, seja desenvolvida uma Política Municipal de Esporte, Lazer e Recreação, entre outras opções, adotando como instrumento formal e jurídico o Plano Diretor.

3.4.4 Código de Direito do Consumidor

Os direitos do consumidor registraram grande evolução no Brasil desde a década de 1950, com a modernização do país, e foram finalmente consolidados pela edição do Código de Defesa do Consumidor, protegido pela Lei n. 8.078, de 11 de setembro de 1990 (Brasil, 1990). Em qualquer circunstância, em todos os tipos de organização em que atuar, o gestor de esporte e lazer deve utilizar o Código de Defesa do Consumidor como um dos textos de consulta frequente.

É inevitável a ocorrência de incidentes, situações e circunstâncias que incidirão nos artigos do Código. E, como os cidadãos estão cada vez mais habituados a recorrer a esse documento para defender seus direitos, a recomendação é que o gestor sempre previna e evite essas situações, antes que tenha de remediá-las. Também é importante lembrar que o Código se aplica a todos os tipos de organização, e não apenas ao setor privado. Muito mais do que cuidar do consumidor, aplicar a lei se trata de cidadania.

3.4.5 Legislação do terceiro setor

O terceiro setor ganhou importância no país nas últimas décadas, e atualmente está associado aos poderes públicos e às organizações empresariais em muitos programas e projetos de diversos setores sociais. Em virtude desse cenário, o gestor de esporte e lazer, onde quer que trabalhe, deve ter o conhecimento de que a existência e o funcionamento desse tipo de estabelecimento foram devidamente regularizados por lei.

A primeira regulação foi feita por meio da Lei n. 9.790, de 23 de março de 1999, que "Dispõe sobre a qualificação de pessoas jurídicas de direito privado, sem fins lucrativos, como Organização da Sociedade Civil de Interesse Público, institui e disciplina o Termo de Parceria, e dá outras providências" (Brasil, 1999). Essa lei possibilitou a formalização e a regulamentação de um grande número de organizações existentes e a criação de muitas outras.

Uma modalidade um pouco diferente foi regulamentada pela Lei n. 9.637, de 15 de maio de 1998 (Brasil, 1998c), que dispõe sobre a qualificação de entidades como organizações sociais. Posteriormente, essa lei foi completada e suplementada pelas Leis n. 13.019, de 31 de julho 2014 (Brasil, 2014), e n. 13.204, de 14 de dezembro de 2015 (Brasil, 2015), que igualmente regularizaram o funcionamento de inúmeras organizações e facilitaram a criação de outras.

Se o gestor trabalhar em uma organização do terceiro setor, é importante que conheça essas leis, e, se trabalhar em outro tipo de organização, também deve se informar sobre o assunto, pois a qualquer momento poderá combinar uma parceria ou uma ação conjunta com uma organização da sociedade civil de interesse público (Oscip) ou uma organização social (OS).

Pode acontecer de uma organização desse tipo procurar um gestor para desenvolver um trabalho ou um projeto em parceria; ou o governo estadual ou municipal responsável pelo espaço de esporte e lazer pode contratar uma OS para sua gestão, o que é permitido pelas leis que regulamentam seu funcionamento.

3.4.6 Legislações municipais

O gestor deve obter o texto legal e consultar permanentemente o **Código de Posturas Municipal** ou o **Código de Posturas do Município**. Esse é um dos documentos legais mais importantes para o gestor de espaços de esporte e lazer. Deve estar em sua mesa de trabalho, ao lado do Código de Defesa do Consumidor.

O **Código de Posturas** define horários e dias de funcionamento de locais de uso público, qualquer que seja sua natureza, sua função e seu mantenedor (público, privado, terceiro setor); horário obrigatório de fechamento ou de encerramento de atividades; controle de ruído, estipulando limites para o barulho, conforme definido pelas normas da Associação Brasileira de Normas Técnicas (ABNT); limites e controle da capacidade do público a ser atendido; além de muitas outras diretrizes, conforme cada município.

O **Código de Obras e Edificações do Município** é fundamental para o planejamento dos espaços, pois regula as construções na cidade com diretrizes, orientações e parâmetros técnicos de capacidades, medidas, comunicação visual etc. Ele também determina padrões para áreas de estacionamento, definindo os detalhes para cada vaga que deve ser criada no local, respeitando-se determinado número de metros quadrados de área construída, o que varia conforme a cidade (em algumas, é de 50 metros quadrados). Isso exige um cálculo muito bem feito das áreas do projeto no terreno disponível.

Em muitos municípios, o referido código estipula também parâmetros para a circulação de veículos. Um local que atrai público, principalmente em eventos, provoca um considerável aumento no número de veículos circulando e estacionando nas vias públicas, muitas vezes gerando reclamações dos residentes.

Esse é mais um tema a ser acrescentado às discussões sobre o relacionamento comunitário e a integração social.

Em muitas cidades, existe a chamada Lei do Silêncio, que define que a partir das 22 horas não é permitido exceder determinado nível de ruído. Bares, lanchonetes, restaurantes e casas noturnas devem se adequar à legislação; em muitos casos, os estabelecimentos que não o fazem são definitivamente fechados. Várias cidades já aprovaram leis que obrigam os comércios com música a implantar dispositivos de isolamento acústico, sem os quais não poderão funcionar.

O gestor do espaço de esporte e lazer deve estar sempre atento para questões como: O local pode sediar uma apresentação musical ou um festival de dança com elevados níveis de ruído? Ou poderá apresentar problemas sérios, mesmo quando se trata de um local público? Endereços públicos também estão subordinados às normas e orientações legais, embora, muitas vezes, as pessoas aparentemente não entendam essa questão concreta do direito coletivo e difuso.

Recomenda-se ao gestor sempre consultar seus advogados quando tiver dúvidas; se trabalhar em prefeitura, esta geralmente tem advogados em seu quadro; e empresas recorrem a escritórios de advocacia que lhes dão suporte. Saber atuar com interação, harmonia e competência com os profissionais das outras áreas do conhecimento é requisito primordial para o gestor do espaço de esporte e lazer.

Oficina temática

Mapa de manutenção de instalações de esporte e lazer
Luiz Wilson Alves Corrêa Pina

Como exercício, propomos a elaboração de um mapa de manutenção para um espaço de esporte e lazer de sua escolha, conforme as possibilidades de acesso a ele.

■ A importância da manutenção para a gestão dos espaços

A arte profissional da manutenção é altamente especializada, exigindo elevada qualificação técnica específica. Nas organizações mais avançadas, suas operações são executadas com o emprego de equipamentos e sistemas sofisticados de *hardware* e *software*. O acervo técnico evoluiu muito nas últimas décadas, com empresas e profissionais qualificados oferecendo seus serviços no mercado.

Os gestores dos espaços de esporte e lazer não precisam ser necessariamente preparados ou qualificados nesse segmento profissional, mas devem entender como ele funciona, quais são seus fundamentos atuais e valorizar o departamento ou o setor de manutenção, que deve fazer parte da estrutura funcional.

Para os gestores e para a equipe técnica de programação do espaço, sugerimos a elaboração conjunta de um mapa que envolva os quatro setores componentes (administração, programação, manutenção e comunicação), o qual deve ser acompanhado por todo o quadro de recursos humanos do espaço de esporte e lazer, assim como pelo calendário geral da programação.

■ Mapa da manutenção

Como os espaços de esporte e lazer apresentam uma grande variedade de características (conceito, dimensões, composição, arquitetura, soluções construtivas, localização), cada um deles precisa ter um mapa próprio. Assim, a alternativa é propor uma formatação geral, a ser aplicada e adaptada para cada situação.

Em tabela, organize as seguintes informações:

- calendário semanal e mensal de tarefas de manutenção por modalidade – corretiva, preventiva, preditiva, detectiva e melhorativa; detalhada por instalação componente do espaço;
- relação de empresas fornecedoras de serviço, divididas em: terceirizadas sob contrato, que prestam serviços

permanentemente e estão cadastradas e aprovadas pela gestão do espaço (solicitadas quando necessário);
- quadro de solicitações para intervenção de serviços de manutenção, solicitadas pelos demais setores, seguindo as necessidades da programação, como arranjo do ginásio de esportes para um evento;
- quadro de ocorrências para registrar necessidades de consertos, trocas, substituições; no fim de cada mês e do ano, esse registro deve ser analisado por toda a equipe gestora do espaço, para avaliação geral e emprego de melhorias para serviços futuros;
- quadro indicativo de reformas (pequenas, médias e grandes) a serem realizadas no espaço de esporte e lazer, devendo-se indicar seus prazos (curto, médio e longo) como parte do planejamento operacional e do planejamento estratégico.

Sugerimos, finalmente, para quem já atua em um espaço de esporte e lazer, que tente elaborar o mapa proposto pelo menos como exercício técnico, envolvendo os vários setores que compõem sua gestão.

Síntese

Neste capítulo esclarecemos que os espaços de esporte e lazer são pensados, desenhados, projetados e construídos, não surgem espontaneamente na cidade, salvo nas áreas criadas e geridas pela população ou pela comunidade, como os pequenos campos de jogos em terrenos baldios. Esse processo atingiu alto padrão de qualidade em vários países, nos quais existem até mesmo obras de referência realizadas por profissionais com formação qualificada e experiência comprovada na área, impressas por editoras privadas ou universitárias; e também trabalhos de consulta e orientação preparados por departamentos governamentais diversos com elogiável qualidade técnica. Embora ainda haja muito a se fazer no Brasil, essas obras contribuem significativamente para a melhoria dos processos de gestão na área de esporte e lazer.

Na sequência, apresentamos metodologias de vários autores para o trabalho de planejamento, as quais podem ser aplicadas em situações de construção de novos espaços e de reformas de ambientes já existentes.

Além disso, elencamos dois aspectos relevantes: o da manutenção, que merece um departamento específico em espaços médios e grandes; e dos fundamentos legais, pois as construções devem seguir normas e regulamentações juridicamente elaboradas e aprovadas de modo democrático.

Por fim, indicamos uma sugestão de elaboração de mapa de manutenção para um espaço de esporte e lazer, colocando novamente em evidência esse tema, ainda pouco considerado em nosso país.

Indicações culturais

BRASIL. **Estatuto da cidade**: guia para implementação pelos municípios e cidadãos. 2. ed. Brasília: Câmara dos Deputados, 2002.

Esse guia é um material de consulta para aqueles que se envolvem nos procedimentos concernentes à gestão do espaço da cidade. Ele também serve para orientar as pessoas que atuam nas diferentes áreas sociais e culturais (como esporte e lazer). Nele contém a Lei do Estatuto, indicada a seguir.

BRASIL. Lei n. 10.257, de 10 de julho de 2001. **Diário Oficial da União**, Poder Legislativo, Brasília, DF, 11 jul. 2001. Disponível em: <http://www.planalto.gov.br/ccivil_03/leis/LEIS_2001/L10257.htm>. Acesso em: 17 dez. 2019.

Lei que regulamenta os arts. 182 e 183 da Constituição Federal e estabelece diretrizes gerais da política urbana e dá outras providências.

Atividades de autoavaliação

1. Os recursos físicos para o esporte e o lazer são de dois tipos: espaços, ambientes e instalações; materiais, mobiliários e maquinários. Assim considerando, temos que:

    a) a quadra de esportes é um equipamento pertencente ao maquinário.
    b) a piscina é um equipamento mobiliário.
    c) o equipamento cenotécnico do teatro é um espaço para o lazer.
    d) a casa de máquinas da piscina é um equipamento mobiliário.
    e) as piscinas e as quadras são instalações destinadas às práticas esportivas.

2. Fernando Telles Ribeiro (2011, p. 27), especialista em planejamento, afirma o seguinte sobre os erros cometidos na implantação das instalações para o esporte e o lazer:

    A causa desses equívocos não é outra senão insuficiente dedicação de tempo, esforço e conhecimento especializado durante o processo de planejamento. Quanto mais cedo se detecta o erro, menos cara se torna sua retificação. Não custa nada corrigir erros no papel, muito pouco em plantas ou desenhos digitalizados e [é] extremamente dispendioso ou quase impossível fazer correções após o concreto ter sido lançado.

    Diante dessa afirmação, assinale a alternativa correta:

    a) Ribeiro está equivocado, pois é simples e barato corrigir equívocos e erros depois que a construção está pronta.
    b) É um desperdício de tempo dedicar tanto esforço ao planejamento.
    c) É muito mais adequado corrigir os possíveis erros durante a elaboração do projeto, e não depois da construção pronta.

d) Tanto faz corrigir antes ou depois, já que o resultado será sempre o mesmo.

e) Dependendo do caso, é menos trabalhoso corrigir possíveis erros após a construção estar pronta, pois isso facilita a análise técnica.

3. A estrutura de gestão dos espaços de esporte e lazer é composta por quatro setores: administração, programação, manutenção e comunicação. Tendo em vista essa afirmação, assinale a alternativa correta:

   a) O setor de manutenção é dispensável em espaços de pequeno porte, visto que os profissionais da área acarretam um custo muito grande à empresa.

   b) O setor de comunicação não é importante para o bom e o adequado funcionamento do espaço de esporte e lazer.

   c) Deve-se dar maior atenção ao setor de administração.

   d) Os quatro setores são igualmente importantes e devem funcionar de modo integrado.

   e) A necessidade de estruturar a gestão dos espaços em determinados setores dependerá do tipo de projeto.

4. Assinale a alternativa que demonstra a atitude ideal de um gestor com relação ao Código de Defesa do Consumidor:

   a) O gestor não deve considerar o frequentador do espaço de esporte e lazer como um consumidor; trata-se de um usuário. Em outras palavras, o Código de Defesa do Consumidor não se aplica a ele.

   b) Cabe ao gestor garantir que os direitos expressos no Código de Defesa do Consumidor sejam aplicados ao frequentador do espaço.

   c) O gestor deve conhecer o Código de Defesa do Consumidor, mas não é o responsável por garantir seu cumprimento, visto que não pertence à área jurídica.

d) O Código de Defesa do Consumidor é um instrumento que não se aplica à gestão.
e) Não faz sentido que o gestor se preocupe com os direitos dos consumidores, pois essa preocupação cabe a outros setores.

5. Com relação à manutenção nos espaços de esporte e lazer, assinale a alternativa correta:

a) O setor de manutenção é um departamento meramente burocrático.
b) O gestor de espaços de esporte e lazer deve ser altamente qualificado e preparado para atuar no segmento profissional da manutenção.
c) O gestor do espaço de esporte e lazer deve fazer cursos técnicos para se especializar na área de manutenção.
d) O gestor do espaço de esporte e lazer não precisa ter preparo específico nem ser um especialista em manutenção, mas deve sempre tentar entender como o setor de manutenção funciona – quais são suas atribuições, como desempenha suas funções etc.
e) O setor de manutenção não faz parte da estrutura funcional, ou seja, não está subordinado ao processo de gestão.

Atividades de aprendizagem

Questões para reflexão

1. Por que o planejamento dos espaços de esporte e lazer ainda não pode ser considerado desenvolvido no Brasil, do ponto de vista profissional?

2. Qual é a alternativa mais interessante ou mais eficaz para uma cidade que tem um centro esportivo construído há muitos anos e que é pouco utilizado pela população: reformar e revitalizar o equipamento existente ou construir um novo?

Atividades aplicadas: prática

1. Entreviste um gestor de um espaço de esporte e lazer. Pergunte como ele planejaria um equipamento de lazer amplo e complexo, quais instalações deveria ter, quais seriam seus critérios de qualidade nos espaços e ambientes etc. Faça essas mesmas perguntas em um espaço de lazer de bairro.

2. Procure na Biblioteca Municipal um exemplo de diretrizes para construções, verificando o que ele especifica para o esporte e o lazer, se define espaços para essas experiências, se determina padrões, indicadores ou critérios.

   Em seguida, analise essas diretrizes para definir mais detidamente o que elas especificam para o esporte e o lazer – se definem espaços para essas experiências; se determinam padrões, indicadores ou critérios.

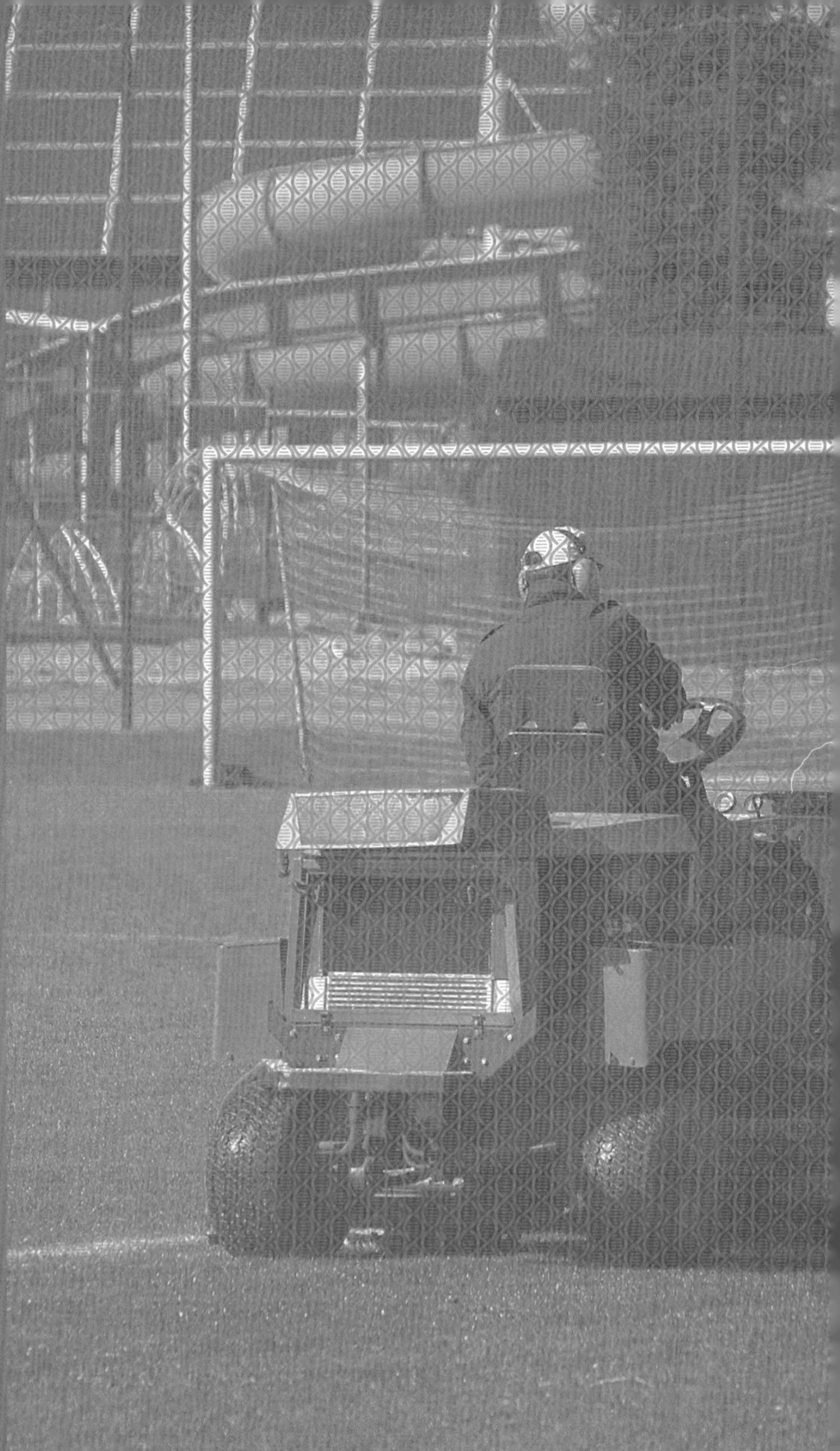

Capítulo 4

Formação, qualificação
e desenvolvimento
de recursos humanos

Dedicaremos este capítulo ao fator que constitui a anima dos espaços de esporte e lazer: o quadro de recursos humanos. Para isso, descreveremos sua estrutura, analisaremos suas competências e discorreremos sobre seus programas e treinamentos, explicitando os métodos de ação do quadro de voluntariado.

4.1 Estrutura de recursos humanos para gestão de espaços de esporte e lazer

Luiz Wilson Alves Corrêa Pina

Nesta seção abordaremos um tema que consideramos fundamental na gestão dos espaços: o quadro de recursos humanos, que garante a administração e o funcionamento do espaço, anima suas atividades e suas experiências, monta e organiza sua programação.

4.1.1 Variedade e diversificação profissional

A profissionalização dos atores sociais em esporte e lazer difere em qualidade e regulamentação. Enquanto graduados em Educação Física que trabalham com o desenvolvimento de atividades físico-esportivas para a população em organizações privadas, públicas e do terceiro setor dispõem de reconhecimento formal (Lei n. 9.696, de 1 de setembro de 1998), os profissionais do lazer não desfrutam da mesma situação. Como não é exigida uma formação superior específica – alguns cursos foram iniciados e até reconhecidos, mas fecharam após poucas turmas formadas –, os profissionais que atuam na área provêm de muitos ramos (sociologia, pedagogia, psicologia, história, antropologia, filosofia e, até mesmo, economia e administração), embora predominem os profissionais de educação física.

Em contraste com a regularização profissional, o século XXI é o momento histórico de transformação extensa e profunda do trabalho humano: profissões, mesmo regulamentadas, podem simplesmente desaparecer; outras podem surgir, mesmo sem o reconhecimento formal; a tecnologia cada vez mais elimina ou substitui funções; operações repetitivas são transferidas da mão de obra humana para sistemas digitalizados ou para robôs. Cifras especulativas são diariamente enunciadas sobre a quantidade de tipos de trabalho que tendem a desaparecer ou a se transformar, mas ainda não existem informações definitivas ou bem definidas sobre qual será a situação daqui a 20, 30 ou 40 anos.

Antes de pensar na possível regulamentação, qualquer orientação prospectiva deve buscar respostas para uma questão: o profissional do lazer tem perspectivas concretas para o futuro, nesse ambiente em permanente e progressiva mutação? A própria natureza de desempenho já oferece uma possível resposta: todas as atividades que implicam relações entre as pessoas, em mediações no meio social, em promoção de ações conjuntas com finalidades ligadas à satisfação, ao lúdico, ao usufruto do tempo, à participação em experiências prazerosas ou criativas, terão espaço e lugar na civilização das próximas décadas.

Como o espaço de esporte e lazer, de modo estrutural e funcional, é um sistema, sua operação deve ser executada por uma equipe de recursos humanos, com funções, atribuições e tarefas bem definidas, nas quais os relacionamentos profissionais e funcionais entre seus componentes seja um inegável fator de sucesso, ou de resultados negativos, segundo a evolução desses processos ao longo do funcionamento dos programas de atendimento ao público frequentador, à clientela ou à comunidade, de acordo com as características da organização responsável.

4.1.2 Estrutura de recursos humanos

Os espaços de esporte e lazer são constituídos basicamente por quatro setores: administração, programação, manutenção e comunicação, conforme indicado no Capítulo 3. O quadro de recursos humanos, portanto, deve ser agrupado com essa formação, da qual deriva o organograma.

Propomos que o organograma seja desenhado com base nessa divisão, rigorosamente calculado e ajustado às dimensões do espaço, à sua capacidade de atendimento ao público, às suas características físicas e funcionais, aos objetivos previamente definidos e às metas predeterminadas.

Primeiramente, a **gestão do espaço** deve ficar a cargo de um profissional com experiência e formação na área, com comprovada capacidade de liderança. Podem ser adotadas várias denominações: gerente, diretor, superintendente etc. O termo escolhido deve ocupar o topo do organograma, visto que os demais setores derivarão dele.

Administração: O setor deve ter funcionários para as gestões financeira, contábil e orçamentária, de pessoal, de material (mobiliário, equipamentos de uso, aquisição de insumos para serviços de atendimento ao público) e Tecnologia de Informação (TI). Na gestão de pessoal estão incluídas a gestão de treinamento e de benefícios (saúde dos funcionários, serviço social etc.).

Programação: O quadro deve ser composto por animadores, encarregados de elaborar e de executar a programação. O quadro é completado por instrutores ou monitores de experiências e atividades, geralmente chamados de "professores". Em muitos casos, parte do quadro pode ser terceirizada, com a contratação de profissionais especializados. Assim como no setor de administração, deve ter um encarregado com função de chefia ou supervisão.

Comunicação e marketing: Não há necessidade de um quadro extenso de funcionários, mas este deve ser formado por profissionais especializados em comunicação, relações públicas, relações institucionais e marketing. Como são polivalentes, duas dessas funções podem ser exercidas por uma só pessoa se a decisão administrativa for montar um quadro enxuto. Esse setor deve, ainda, administrar a recepção, o acolhimento e o sistema de informação interna (também sob o comando de um encarregado ou supervisor).

Manutenção: Esse é um setor pouco valorizado no Brasil, mas tão importante quanto todos os outros para o bom funcionamento do espaço de esporte e lazer. O quadro de funcionários desse setor, sempre liderado por um encarregado, deve ser moldado para atuar nas modalidades da manutenção (corretiva, preventiva, preditiva, detectiva e melhorativa) e fiscalizar e supervisionar os serviços terceirizados de limpeza, conservação e segurança.

Essas sugestões abarcam os aspectos principais da gestão dos espaços, visando estruturar o quadro de recursos humanos. É evidente que outros setores podem ser acrescentados de acordo com as mudanças que inevitavelmente ocorrem, mas indicamos nesta seção uma formatação básica de trabalho.

4.1.3 Liderança

Tem-se enfatizado no campo da gestão a questão da liderança, assunto abordado constantemente por autores estadunidenses, canadenses, britânicos, australianos e neozelandeses, os quais ressaltam sua importância nas ações de esporte e lazer (atividades de serviços que implicam interações sociais e comunicação humana). O princípio basilar é que, nos espaços em questão, a liderança desempenha um papel primordial em todos os setores da estrutura organizacional e assume um significado especial no desempenho da gestão.

Um dos autores clássicos da área, Richard Kraus (1977, p. 295-296, tradução nossa), enumera algumas diretrizes:

> *1) O líder deve se relacionar diretamente com o cliente, mais do que com atividades. Sua referência primária deve ser o que ocorre com os participantes do programa, mais do que com a aparente realização dos objetivos do programa estabelecidos em termos de atendimento, atividades consumidas, e assim por diante.*

> 2) O líder deve ter um conjunto coerente de valores humanos, que considere cada pessoa como um ser individual, com dignidade e mérito, que necessita de compreensão, suporte e encorajamento.
>
> 3) O líder deve estar atento à organização do grupo e a seus processos. Deve estar pronto para providenciar assistência quando for necessário ou se afastar quando os membros do grupo estiverem habilitados para providenciar a necessária liderança por eles mesmos.
>
> 4) O líder deve reconhecer que cada pessoa é um ser individual, com seus próprios interesses, conhecimentos, motivações, necessidades e maneiras de conduta; o líder deve estar preparado para aceitar uma ampla variedade de comportamentos.
>
> 5) O líder deve tomar a iniciativa onde quer que as pessoas que compõem o grupo se situem (em suas atitudes, habilidades e padrões de conduta) e gradualmente auxiliá-las a se movimentar nas direções possíveis, que elas compreendem e aceitam.

O líder, nos espaços de esporte e lazer, no sentido justificado por Kraus (1977), é um **gestor de pessoas**, tanto daquelas que compõem o quadro de recursos humanos quanto da própria clientela quando esta solicita atenção ou apresenta problemas corriqueiros a serem resolvidos e questões que exigem soluções eficientes.

Rodrigues (2016, p. 71-72) apresenta uma orientação coerente e sucinta a esse respeito:

> O conceito de gestão de pessoas consensualmente é visto como o desafio de administrar conjuntos heterogêneos em idade, gênero, personalidade, nível social e econômico, opção religiosa e política, entre inúmeras outras variáveis, conduzindo-as a partir de referenciais humanistas a objetivo predeterminados.
>
> A tarefa é complexa e, portanto, demanda múltiplas competências do profissional que deseja atuar como gestor de pessoas. O desenvolvimento da sociedade impõe um fator extra à complexidade da tarefa: as sociedades mais desenvolvidas apresentam um nível de conhecimento tão elevado e um detalhamento tão minucioso das relações humanas que passam a exigir de seus gestores de pessoas um repertório de competências verdadeiramente amplo e profundo.

Ao gestor de pessoas é lançado o desafio de articular conhecimentos de diferentes áreas, incluindo a psicologia, sociologia, educação, administração, entre outras. Em sociedades em desenvolvimento, como a brasileira, o gestor de pessoas precisa estar preparado para acompanhar seu ritmo de elevação do conhecimento e de detalhamento das relações humanas.

Devemos acrescentar que as capacidades de liderança não são exclusivas dos cargos de comando, de gestão ou de chefia. De modo geral, sugere-se que os profissionais do esporte e do lazer tenham algumas qualidades de liderança, pois estarão permanentemente exercendo essas habilidades em seu trabalho com a clientela ou o público. Esses especialistas trabalham e sempre trabalharão com pessoas: profissionais de organizações parceiras ou contratadas, clientes e público frequentador, população residente no entorno e da cidade etc.

Capacidade de comunicação, empatia, inteligência emocional, habilidade para lidar com pessoas e com grupos são determinantes para o desempenho profissional de quem atua com esporte e lazer.

Importante!

O funcionamento efetivo, eficaz e eficiente do espaço de esporte e lazer depende do quadro de recursos humanos que o administra e o anima – a anima do equipamento, conforme esclarecem Coronio e Muret (1976)[1]. De nada adianta construir um magnífico equipamento sem contratar profissionais que sejam devidamente preparados e capacitados, com funções e atribuições bem estabelecidas, e adequados às dimensões, à capacidade de atendimento e às respectivas características funcionais do espaço.

---

[1]   *Vide* Capítulo 3.

4.2 Competências do gestor de espaços de esporte e lazer

Antonio Carlos Bramante

Uma vez revista a estrutura de recursos humanos para a gestão e a animação dos espaços de esportes e de lazer, é essencial identificarmos os conhecimentos, as habilidades e as atitudes essenciais para o desempenho dessas funções, especialmente no campo da gestão, objeto principal desta obra.

4.2.1 Campo profissional em fase de reconhecimento

O termo competência pode ensejar inúmeras interpretações, mas, para fins meramente didáticos, aqui consideraremos a perspectiva norte-americana, que define as competências como um conjunto de conhecimentos, habilidades e atitudes que propiciam alto desempenho (Abreu; Carvalho-Freitas, 2009). Vem daí a sigla CHA, representada pela inicial de cada um dos atributos destacados (conhecimentos, habilidades e atitudes). Como demonstramos anteriormente, o campo da gestão de esporte e lazer como um todo é recente no Brasil, tanto no que se refere à formação quanto no que diz respeito à condição do espaço de atuação profissional.

Embora quase sempre a gestão esteja atrelada à atuação profissional no campo do esporte – qualquer que seja o ambiente de atuação (escola, comunidade, equipes de alta *performance*) –, somente na década de 1970 as primeiras publicações sobre o assunto apareceram, ainda sob a denominação de administração. Diante da expansão do mercado em potencial na área e da explosão do número de cursos de Educação Física (hoje mais de mil) – amparada pelo Conselho Nacional de Educação Física (Confef) –, foi necessário inserir na grade curricular disciplinas voltadas primeiramente à administração e, mais recentemente, à gestão.

A chamada década do esporte, compreendida entre os Jogos Panamericanos de 2007 e os Jogos Olímpicos de 2016, demandou um novo profissional até então escasso: gestor de esporte.

Vinculados a essa demanda, atualmente há inúmeros cursos de pós-graduação, associações técnico-científicas e grupos de pesquisa exclusivos para tratar do tema. No entanto, a especificidade da gestão dos espaços e dos equipamentos de esporte e lazer ainda não encontra o devido respaldo, seja qual for a área (educação física, administração, *marketing*, engenharia, arquitetura etc.).

Essa realidade levou ao desenvolvimento dos chamados **in-service trainings**, que nada mais são do que empresas especializadas que formam suas lideranças a partir de uma base comum de conhecimentos e habilidades agregados às especificidades de seu negócio. Se no campo do esporte mais formal isso ocorre em virtude da complexidade do fenômeno lazer como um todo e do esporte recreativo em particular, formar profissionais tanto no campo da intervenção (animação) quanto da gestão não tem sido uma tarefa simples ao longo das últimas décadas no Brasil.

Embora em alguns países da Europa, da Oceania e da América do Norte haja uma tradição de muitos anos nessa área, no Brasil três faculdades pioneiras (Unicamp, Univali e Anhembi Morumbi) se propuseram a formar profissionais mais especializados. Elas abriram seus cursos em meados da década de 1990 e os fecharam em meados da década de 2000.

O modelo que melhor se adequou ao país parece ter sido o da especialização. Nessa perspectiva, o profissional se forma em um curso de graduação em qualquer uma das áreas correspondentes aos distintos conteúdos culturais do lazer (embora o mais procurando ainda seja o de Educação Física), para então seguir uma carreira na pós-graduação, seja ela *lato sensu* (especialização voltada à intervenção prática), seja ela *stricto sensu* (voltada à carreira acadêmica – mestrado e doutorado).

4.2.2 Profissionais de esporte e lazer e espaços para atividades e experiências

Assim como em diversas áreas, o campo das instalações esportivas e recreativas ainda não atingiu o enfoque ideal – que seria o interdisciplinar. Esse problema faz com que ainda seja bastante comum a falta de conhecimento específico por parte de outros profissionais, como engenheiros e arquitetos, na hora de compor esses espaços (Bramante; Pina, 2019). Em síntese, ainda não faz parte da cultura brasileira reunir equipes multiprofissionais para o desenvolvimento desse tipo de trabalho.

Esse impasse, infelizmente, gera resultados pouco satisfatórios, com problemas como distribuição inadequada das instalações e equipamentos fora das especificações técnicas (Bramante; Pina, 2019). Para reverter essa realidade, é necessário que haja um trabalho de pesquisa de demanda, a fim de se construir instalações o mais próximo possível do ideal e com uma estrutura facilmente reversível, caso seja preciso efetuar alguma mudança.

No que diz respeito à formação em Educação Física, antigamente o profissional da área não recebia a preparação adequada para atuar no extenso campo do lazer, em especial em sua gestão (Bramante, 1998). Mesmo que, atualmente, as graduações incluam o desenvolvimento desse tipo de competência, esse cenário ainda não se alterou o suficiente no país, principalmente diante da necessidade de atualização de conhecimentos. Esse último quesito exige a qualificação continuada, que garante também o desenvolvimento de habilidades específicas. Algumas agências têm optado por esse modelo de formação (Bramante; Pina, 2019).

Ainda que as instalações e os profissionais preencham os requisitos de qualidade elencados, é válido ressaltar que o sucesso desse tipo de empreendimento depende também de estratégias eficientes de comunicação e marketing – outro aspecto ainda defasado no cenário brasileiro (Bramante; Pina, 2019).

Confira a seguir como as estratégias de *marketing* se desenvolveram ao longo dos anos (Kotler; Kartajaya; Setiawan, 2010[2]; Bramante; Pina, 2019):

1. **Foco no produto (início do século XX)**: demanda maior do que a oferta. Por exemplo, Henry Ford fabricou durante determinado período somente automóveis pretos em virtude do tamanho de sua demanda, algo que limitou o poder de escolha dos consumidores (Kotler; Kartajaya; Setiawan, 2010).
2. **Foco no cliente (1950-1960)**: oferta maior do que a demanda. Diferentemente do período anterior, essa fase exigiu novos esforços para se atingir o que o público desejava para consumo.
3. **Foco no mercado (fim da década de 1980)**: desenvolvimento de pesquisas sobre as expectativas e opiniões do mercado com relação a determinado serviço, a fim de garantir sua melhoria.
4. **Escolha estratégica (a partir de 2000)**: desenvolvimento da capacidade empresarial de guiar ou modelar o mercado com base em uma postura proativa.
5. **Complexidade preditiva (a partir de 2010)**: exploração dos desejos em potencial dos consumidores por meio do avanço das tecnologias de informação (TI), especialmente das mídias sociais, e do desenvolvimento de algoritmos (base da inteligência artificial). Esse tipo de recurso gera necessidades não percebidas pelas pessoas.

---

[2] Os autores lançaram uma nova edição da obra *Marketing 4.0* que apresenta um aprofundamento e uma ampliação do *marketing* centrado no ser humano para cobrir cada aspecto da jornada do cliente com uso intensivo e extensivo das ferramentas digitais.

Seja qual for sua experiência anterior, não é difícil observar em qual dos estágios se encontra a gestão da maioria dos empreendimentos esportivos e de lazer no Brasil. Basta fazer uma visita a um clube social recreativo, a uma instalação municipal ou até mesmo a equipes profissionais dos mais distintos esportes, salvo exceções, para constatar que ainda estamos longe dos estágios mais avançados.

Uma postura mais estratégica e preditiva, com o uso intensivo e extensivo das ferramentas digitais, exige ações que influenciem o ambiente em que se atua ou que antecipem as mudanças que ele precisa sofrer. Para que as alterações ocorram, é necessário que a alta gerência demonstre algumas características, como liderança proativa, por meio do contínuo reexame das práticas de trabalho; criatividade; capacidade de assumir riscos; tolerância a erros; visão de futuro; e aplicação do chamado "canibalismo", com a criação de serviços com "data de validade" para gerar novas demandas.

Além da alta gerência, o sistema organizacional também deve ter características específicas, como cultura flexível, capacidade de inovação, competência para "educar" o público-alvo, equipes competitivas, desenvolvimentos e aplicação de ferramenta de TI. A implementação de estratégias de *marketing* moderno exige, no entanto, um equilíbrio entre as necessidades atuais (**ações reativas**) e as oportunidades de amanhã (**ações proativas**). Também é importante destacar que criar novas maneiras de atuar no ambiente profissional com ações inovadoras, muitas vezes, exige o rompimento com determinadas regras usuais para alavancar os avanços desejados.

Após essa reflexão, especialmente dentro da esfera pública, qual abordagem estamos adotando em relação à oferta de experiências de lazer e de esporte nas organizações – base para a gestão dos espaços e dos equipamentos nessas áreas?

Atualmente, a perspectiva predominante ainda é a **fordiana**. Habitualmente, os "modelos" de determinado produto são desenvolvidos em escala, vide a maioria dos programas de fomento ao desenvolvimento de espaços e de equipamentos de esporte e lazer do Ministério do Esporte nos últimos anos. Esses "projetos-padrão" nem sempre levam em conta as especificidades do ambiente sociocultural, suas características demográficas e muito menos as psicográficas. A ideia que ainda prevalece entre esses gestores é "se interessar, sejam bem-vindos; caso contrário, procurem outro lugar".

Da mesma maneira, é lamentável que, muitas vezes, nem tenhamos evoluído para as estratégias recomendadas desde a metade do século passado, como escutar mais os usuários reais e em potencial para elaborar programas que exigirão projetos de construção de instalações esportivas e recreativas de acordo com a demanda qualificada; seguir as atitudes proativas de cocriação (colaboração um-para-muitos) propostas por Kotler, Kartajaya e Setiawan (2010); ou lançar mão de ferramentas preditivas de necessidades e desejos.

Outra tendência presente e futura na concepção e na gestão das instalações esportivas e recreativas que impacta diretamente a formação e a qualificação dos gestores advém da necessidade de saber mais sobre as pessoas, cuja primazia da pesquisa até então era atribuída quase exclusivamente às universidades. Hoje é essencial que todo gestor desenvolva a "inteligência" de seus projetos, seja por meio de parcerias com grupos de estudos e pesquisa, seja com a criação de grupos próprios da instituição prestadora de serviços. Cada vez mais a metodologia da pesquisa científica deverá fazer parte do repertório cotidiano daqueles que estão na vanguarda da edificação de ambientes de esporte e lazer.

No Brasil, o fenômeno das pesquisas demorou pelo menos três décadas para sair do âmbito exclusivo das universidades e ser apropriado pelos setores prestadores de serviços nessas áreas. No entanto, ainda caminhamos a passos lentos. A visão de planejamento integrado deverá ser uma tônica no setor, pois não se concebe mais uma cidade na qual os órgãos provedores de serviços de lazer e de esporte recreativo elaborem calendários distintos sem uma visão de intercomplementariedade programática, seja para utilizar os equipamentos existentes, seja para conceber novas instalações de esporte e lazer. Nesse sentido, no que diz respeito à maximização do uso das instalações existentes para projetar as lacunas que exigem intervenção e construção, a participação de distintos "*stakeholders*" (todas as partes interessadas) se faz necessária para atender aos princípios da eficiência, da eficácia e da efetividade. Nunca se fez tão urgente o diálogo entre o Poder Público, a iniciativa privada e o terceiro setor para o compartilhamento de soluções para desafios comuns.

Durante a preparação de lideranças para a gestão de espaços de esporte e lazer, deve-se levar em consideração as seguintes recomendações:

> *É urgente transformar as informações, muitas vezes desconexas, em conhecimento estratégico. Cada vez mais é necessário desenvolver ferramentas de gestão, como pesquisas diagnósticas e prognósticas, mantendo um banco de dados inteligente que forneça informações gerenciais para as mudanças essenciais. Se uma instituição prestadora de serviços nessas áreas ainda não tem uma ferramenta que a auxilie a conhecer seus usuários, o serviço de uma empresa especializada deve ser contratado para criá-la.*

> *Trabalhar com informações, tais como a estratificação de seus usuários, o controle de frequência e o tempo de permanência nas instalações, entre outras, é essencial. [...] Vale, no entanto, um alerta: não adquira sistemas informatizados como um "pacote fechado", sem as devidas adaptações às necessidades dos serviços prestados por uma organização em específico.*
> (Bramante; Pina, 2019)

É válido ressaltarmos que, se não houver capital humano para tabular, analisar e transformar essas informações em conhecimento estratégico para promover as mudanças necessárias, de nada valerá a ferramenta.

Também é imprescindível criar um grupo-tarefa para fazer o planejamento da instituição nos próximos 5 ou 10 anos, pois a visão no longo prazo é essencial para o sucesso da empresa.

Nesse sentido, é essencial destacarmos as diversas ferramentas de gestão para prognosticar o futuro, como técnicas de varredura; análise, monitoramento e projeção de tendências; desenvolvimento e análise de cenários; pesquisa de opinião qualificada; construção de modelos; simulação e jogos; simulações computadorizadas; análise histórica; tempestade de ideias; e criação de visão de futuro desejada.

Um exercício de aprofundamento do assunto abordado é a escolha de uma das técnicas anunciadas para aplicação no dia a dia de um gestor de esportes e de lazer.

4.3 Programa de treinamento e qualificação de recursos humanos para gestão de espaços de esporte e lazer

Antonio Carlos Bramante

Atualmente, não há no Brasil um curso de graduação em gestão de espaços de esporte e lazer; os programas didáticos que mais se aproximam dessa demanda estão nos cursos de Administração, Arquitetura e Urbanismo e Educação Física. Além disso, muitos não sabem que esse tema recebe maior ênfase no curso de Arquitetura e Urbanismo.

Conforme é possível perceber, a formação inicial na área de gestão de espaços de esporte e lazer é prejudicada no país. No nível de pós-graduação das três áreas mais próximas do objeto em discussão (administração, educação física e arquitetura e urbanismo), cabe à Educação Física propor cursos de especialização *lato sensu*, além de algumas universidades públicas estimularem tanto o mestrado quanto o doutorado na área.

Importante!

Um grupo de referência na formação profissional da área é o Laboratório de Pesquisa sobre Gestão do Esporte (Gesporte)[3], da Faculdade de Educação Física da Universidade de Brasília (UnB), liderado pelo Professor Doutor Paulo Henrique Azevêdo. O Gesporte apresenta amplo domínio dos conceitos e das aplicações destinadas ao campo do esporte e do lazer, tendo como característica particular o equilíbrio entre as dimensões de ensino, de pesquisa e de extensão.

Além dos cursos oferecidos em faculdades e universidades, outra excelente forma de desenvolver novos conhecimentos é mediante a participação em associações e congressos ligados ao tema. Em 1965, foi criada em Colônia, na Alemanha, a Associação Internacional de Instalações de Esporte e Lazer (IAKS), uma organização não governamental destinada à construção de centros de esportes e de lazer com o reconhecimento do Comitê Olímpico Internacional (COI). Até o momento, já foram realizadas 25 edições do Congresso da IAKS – a edição de 2019 aborda o tema "Tendências no desenho e gestão de instalações de esporte e lazer".

Na América Latina, existe a Asociación Latinoamericana de Gerencia Deportiva (Algede), fundada em 2009, que organiza congressos a cada dois anos. O Brasil, por sua vez, conta com a Associação Brasileira de Gestão do Esporte (Abragesp), que realizou seu nono congresso em 2018, em Fortaleza. Embora o tempo dedicado à gestão dos espaços e equipamentos de esporte e

---

[3] Para saber mais sobre o programa, acesse o *site*: <www.gesporte.net>.

lazer nesses eventos ainda seja reduzido, há um enorme potencial para seu desenvolvimento como fonte de atualização profissional.

Vale destacarmos que, pela primeira vez na história, o Congresso da Associação Mundial de Gestão do Esporte (Wasm – World Association for Sport Management) foi realizado na América Latina: em 2019, Santiago (Chile) sediou a terceira edição.[4]

4.3.1 Desenvolvimento de competências

Na ausência de cursos específicos para formar o profissional de gestão de instalações de esporte e lazer, quais seriam as principais competências a serem desenvolvidas (seja de maneira formal, seja de maneira informal)?

Rezende (2000) sugere que o

> profissional que atua em organização e administração no esporte deve dominar, de maneira geral, os assuntos administração e marketing e, mais especificamente, temas de contabilidade, promoção de eventos, legislação esportiva e trabalhista, relações públicas, medicina do esporte, psicologia do esporte, turismo e lazer.

De acordo com Vieira e Stucchi (2007), o que se espera do profissional brasileiro na área de gestão do esporte e do lazer é semelhante ao que já é encontrado em atividade:

- conhecimento esportivo;
- negociação;
- planejamento estratégico;
- tomada de decisão;
- boa convivência com reclamações e críticas;
- conhecimentos básicos legais e jurídicos;
- captação de recursos;
- atenção para motivar subordinados e funcionários;
- supervisão de recursos humanos.

---

[4] Para mais informações, acesse o *site*: <https://wasm2019.com/>.

Para o desenvolvimento de pesquisa na área, vislumbramos pelas tendências internacionais quatro grandes vertentes temáticas: administração de clubes e de associações esportivas; formação profissional em administração esportiva; economia e *marketing* esportivo; e administração e políticas públicas de esporte e terceiro setor. Todas elas devem considerar competências específicas relativas aos espaços e aos equipamentos de esporte e lazer.

4.4 Programa de desenvolvimento do quadro de voluntários

Antonio Carlos Bramante

A base de toda ação na área de esporte e lazer é o amplo comprometimento de voluntários, em particular na gestão de clubes sociorrecreativos. Por essa razão, abordar o tema voluntariado é essencial para qualificar toda e qualquer intervenção nos campos do esporte e do lazer.

4.4.1 Voluntariado, esporte e lazer

Embora a literatura sobre serviço voluntário indique que seu marco inicial no Brasil tenha sido a fundação da Santa Casa de Misericórdia da Vila de Santos, em 1543, sua legalidade no país só foi reconhecida por meio da Lei n. 9.608, de 18 de fevereiro de 1998, que estabeleceu parâmetros jurídicos para sua efetivação, especialmente no terceiro setor (Barros, 2017).

Nos séculos XVII e XVIII, a maioria das entidades filantrópicas era ligada à Igreja Católica, e a presença do Estado só se tornou significativa a partir de 1930, fortalecendo-se em 1942 com a criação da Legião Brasileira de Assistência (LBA). Em 1995, foi criada a Comunidade Solidária para substituir a extinta LBA.

No campo do esporte e do lazer, o serviço voluntário está presente há mais de 150 anos, se assim pudermos denominar as ações que ocorriam nos clubes sociorrecreativos, que inicialmente se expandiram na Região Sul do país. Nessa época, a ação voluntária estava voltada tanto para a gestão dos espaços e dos equipamentos existentes quanto para a animação de diversas programações, as quais apresentavam forte cunho de identidade cultural.

Com o passar do tempo, especialmente no século XX, floresceu a ação de voluntários nas áreas de convivência humana, na medida em que a prática do esporte se expandiu de maneira mais organizada por todo o país, por meio de ligas, federações e confederações das mais distintas modalidades. Já no campo do lazer, se considerarmos o esporte recreativo, assim como as artes e a participação nas organizações sociais, perceberemos que o voluntariado tem um papel essencial em sua disseminação.

Curiosidade

Robert Stebbins (1992), profícuo autor estadunidense com cidadania canadense, desenvolveu uma nova concepção no campo do lazer ao trazer para a comunidade científica o conceito de lazer sério, composto pelas seguintes categorias: amador, hobbysta e voluntário. No artigo "Quando o trabalho é essencialmente lazer", Stebbins (2014) apresenta elementos fundamentais para a compreensão da dimensão das experiências voluntárias na vida contemporânea.

Embora o voluntário atue mais no campo da animação sociocultural, que engloba o campo do lazer como um todo (que inclui experiências físico-esportivas), encontramos muitos voluntários na gestão do esporte amador e profissional. Sua presença é também sentida em clubes de serviço específico, como Panathlon Clubes, assim como nos Conselhos Municipais de Esportes e Lazer, tanto na esfera municipal quanto na estadual. Esses indivíduos, em última análise, têm também um papel essencial na definição de espaços e de equipamentos de lazer nos locais em que atuam.

Para aqueles que desejam ter uma boa base para a formação de voluntários, apresentaremos a seguir um guia de voluntariado que poderá ser adaptado a diversas circunstâncias. As recomendações foram elaboradas com base no documento "Developing a Corporate Volunteer Program", que pode ser encontrado no *site* da Points of Light Foundation (2019), fundação que conta com diversas fontes sobre o tema.

Dez passos para criar um programa de voluntários na área de esporte e lazer

Passo 1 – Identificação da visão, dos valores e das ações de responsabilidade social

- Conheça a instituição, especialmente sua cultura interna;
- destaque a importância do compromisso com a comunidade como um valor na vida pessoal;
- conheça o clima organizacional da instituição;
- informe-se sobre as razões que levam a instituição a buscar um programa de estímulo ao voluntariado.

Passo 2 – Recrutamento de um comitê de trabalho para conhecer melhor o tema

- Identifique as pessoas que articularão os primeiros contatos e traçarão o planejamento do trabalho a ser executado;
- verifique quais são os setores da instituição mais sintonizados com a ideia de voluntariado;
- busque o envolvimento de colaboradores de diversos níveis socioculturais para garantir pluralidade de percepções;
- compartilhe experiências e busque novas ideias em instituições correlatas, visando enriquecer a prestação de serviços e evitar possíveis erros.

Passo 3 – Desenvolvimento de conceitos e estratégias de apoio ao programa de voluntariado

- Lembre-se de que a adoção de um programa de voluntários em uma instituição não tem como objetivo principal a economia de recursos financeiros, mas o estabelecimento de um processo de educação participativa que dará maior e melhor protagonismo à comunidade beneficiada por suas ações;
- aprenda a diferença entre trabalho profissional e serviço voluntário: no primeiro, há o cumprimento formal de atribuições determinadas pela instituição; no segundo, por livre e espontânea vontade, o indivíduo adere a uma ação que tem significado para ele e para todos os interessados envolvidos ("*stakeholders*");
- encare o serviço voluntário como uma ação que ajuda a organização a atingir suas metas; o programa deve ser desenvolvido com os mesmos critérios de eficiência dos demais investimentos da instituição: recursos adequados, gerenciamento profissional, avaliação de resultados etc.;
- busque apoio da alta direção, das gerências e dos demais setores da instituição para que o programa de voluntários prospere.

Passo 4 – Diagnóstico dos conhecimentos e das experiências dos voluntários em potencial

- Crie uma estratégia de comunicação desde o recrutamento dos voluntários até o decorrer de suas ações;
- dimensione claramente quais serão as tarefas a serem empreendidas e qual será o número de pessoas e de horas dedicadas ao trabalho antes de conduzir qualquer ação dentro de um programa de voluntários, pois nada é mais desmotivador do que ter voluntários ociosos ou, no outro extremo, projetar mais do que se possa efetivamente realizar.

Passo 5 – Identificação das necessidades da comunidade atendida pela instituição

- Faça contatos com lideranças comunitárias;
- obtenha informações com os colaboradores da instituição;
- considere o histórico anterior e as informações da própria instituição para mapeamento de demanda;
- lembre-se que quanto mais objetivo e claro for o mapeamento de demanda, mais fácil ficará o desenvolvimento da oferta no programa.

Passo 6 – Estruturação do programa de voluntários

- Monte uma proposta que defina:
- objetivos que unirão os interesses da instituição, da comunidade a ser atendida, dos colaboradores profissionais e, especialmente, do corpo de voluntários;
- estratégias de ação que podem ser tanto de apoio a projetos em desenvolvimento quanto de criação de projetos ou apoio aos programas da comunidade;
- as estratégias de comunicação;
- o orçamento do programa tendo em vista o reembolso de despesas do voluntário (uniforme, deslocamentos, alimentação etc.), assim como os materiais necessários para sua implantação e manutenção;
- um cronograma que garanta a distribuição das atividades de acordo com as prioridades da instituição e as possibilidades do voluntariado;
- um sistema de avaliação que monitore o progresso do serviço voluntário: seu alcance, suas tendências, as possibilidades de replanejamento etc.

Passo 7 – Implantação e gerenciamento do programa

- Trabalhe com o apoio de um comitê consultivo.
- Defina um coordenador para o programa, que poderá ser um profissional já existente para essa função ou, caso a dimensão do programa exija, contratado especificamente para essa missão.
- Lembre-se que o comitê consultivo deve ser composto, preferencialmente, por pessoas de diferentes setores, de distintos níveis hierárquicos, de diversas faixas etárias e que já tenham familiaridade com serviços voluntários.
- Organize o comitê de representantes das áreas de recursos humanos, relações interinstitucionais, comunicação e *marketing*.
- Ao coordenador, compete o gerenciamento do programa, o que inclui:
    - recrutamento e seleção de voluntários,
    - identificação do programa de intervenção de voluntários;
    - orientação, capacitação e treinamento para a ação;
    - monitoramento e avaliação;
    - retroalimentação (*feedback*);
    - elaboração de relatórios;
    - replanejamento.

Passo 8 – Divulgação interna e externa do programa de voluntariado

- Reforce a comunicação em todas as etapas do processo.
- Estimule a participação de mais pessoas no programa de voluntariado e dissemine conceitos e práticas de responsabilidade social para outras instituições.

Passo 9 – Valorização e reconhecimento das ações voluntárias (sugestões)

- Crie prêmios específicos.
- Entregue certificados de reconhecimento em datas especiais.
- Divulgue casos exemplares.
- Crie camisetas ou *bottons* que identifiquem os voluntários.
- Realize eventos especiais.

Passo 10 – Trabalho em rede com programas de serviço voluntário de outras instituições

- Gere oportunidade para abertura de caminho para novas reflexões, novas parcerias e novos recursos.
- Fortaleça as instituições que fazem parte da rede para interferir na formulação de políticas públicas com um novo olhar, o do voluntariado.

Para obter informações mais pormenorizadas sobre esse assunto, consulte o *Guía sobre la regularización laboral y del voluntariado en el deporte base* (Ugalde, 2015).

4.4.2 Lei de regulamentação do trabalho voluntário

Para reforçar o entendimento da função do voluntário, bem como sua situação legal, a seguir transcrevemos o texto da Lei n. 9.608, de 18 de fevereiro de 1998 (Brasil, 1998a), que regulamenta o serviço voluntário no país, bem como o Termo de Adesão ao Serviço Voluntário, em conformidade com a referida lei.

Lei n.9.608, de 18 de fevereiro de 1998

Dispõe sobre o serviço voluntário e dá outras providências.

[...]

Art. 1º Considera-se serviço voluntário, para fins desta Lei, a atividade não remunerada prestada por pessoa física a entidade pública de qualquer natureza ou a instituição privada de fins não lucrativos que tenha objetivos cívicos, culturais, educacionais, científicos, recreativos ou de assistência à pessoa. (Redação dada pela Lei n. 13.297, de 2016)

Parágrafo único. O serviço voluntário não gera vínculo empregatício, nem obrigação de natureza trabalhista previdenciária ou afim.

Art. 2º O serviço voluntário será exercido mediante a celebração de termo de adesão entre a entidade, pública ou privada, e o prestador do serviço voluntário, dele devendo constar o objeto e as condições de seu exercício.

Art. 3º O prestador do serviço voluntário poderá ser ressarcido pelas despesas que comprovadamente realizar no desempenho das atividades voluntárias.

Parágrafo único. As despesas a serem ressarcidas deverão estar expressamente autorizadas pela entidade a que for prestado o serviço voluntário.

Art. 4º Esta lei entra em vigor na data de sua publicação.

Art. 5º Revogam-se as disposições em contrário.

Brasília, 18 de fevereiro de 1998; 177º da Independência e 110º da república

FERNANDO HENRIQUE CARDOSO

Fonte: Brasil, 1998a.

Exemplo de Termo de Adesão do Serviço Voluntário

Nome: _____
Identidade: _____
CPF: _____
Endereço: _____
Bairro: _____
CEP: _____
Telefone: _____

Instituição para a qual o voluntário prestará o serviço
Razão Social: _____
Endereço: _____
CNPJ: _____
Atividades que o voluntário realizará: _____
_____

Declaro que estou ciente e aceito os termos da Lei do Serviço Voluntário (Lei n. 9.608, de 18 de fevereiro de 1998).

(Cidade), _____ de _____ de 20___.

_____
Assinatura do voluntário

_____
Assinatura do representante da Instituição
Nome: _____
Cargo: _____

_____
Assinatura testemunha
Nome: _____
Identidade: _____

_____
Assinatura testemunha
Nome: _____
Identidade: _____

Um exemplo típico de serviço voluntário em esportes e lazer se configura na adesão de inúmeros brasileiros ao exercício da cidadania, assumindo o posto de conselheiro municipal ou estadual.

Oficina temática

Gestão de espaços e de equipamentos de esporte e lazer no setor público e o papel colaborador de um Conselho Municipal de Esporte e Lazer

Marcos Ruiz da Silva

Compreender como funciona um Conselho Municipal de Esporte e Lazer e entender os aspectos gerais do planejamento, da organização e do funcionamento da gestão de espaços e equipamentos de esporte e lazer permite ao profissional da área refletir sobre sua disposição em relação ao desenvolvimento de políticas públicas nesse campo. Nesta oficina temática apresentaremos o Conselho Municipal de Esporte e Lazer como um elemento essencial da gestão participativa.

Em pesquisa elaborada pelo Instituto Brasileiro de Geografia e Estatística (IBGE) em parceria com o Ministério do Esporte, em 2017, o aumento dos Conselhos Municipais de Esporte são apontados como mecanismo de participação no âmbito municipal. Entre 2003 e 2016, o percentual de municípios com conselho subiu de 11,8% (658 cidades) para 20,8% (1.161 cidades). Em 54,8% (636) dos municípios com conselho, a composição era paritária; e em 27% (313) havia maior representação da sociedade civil. As funções mais desempenhadas eram a consultiva, com 73% (847), e a deliberativa, com 54,9% (637).

Com base em um projeto enviado à Câmara Municipal, a prefeitura solicita autorização dos vereadores para a criação de um Conselho Municipal de Esportes e Lazer ou de um Conselho Municipal de Esporte. Nesse projeto, há a proposição de que esse grupo possa atuar como um órgão colegiado de caráter consultivo, deliberativo, controlador e fiscalizador das políticas públicas de esporte e lazer, conforme a abrangência definida. A institucionalização do conselho passa pela aprovação do órgão responsável e sua abrangência está na colaboração em assuntos que tratam da viabilização de políticas públicas. Com base em debates relacionados ao esporte, a atribuição do conselho é emitir pareceres, a título de colaboração, desenvolver estudos sobre assuntos afins, entre outros.

Não há um número exato de representantes da sociedade civil para compor um conselho, e essas pessoas estão subordinadas a um regimento que determina o período do mandato, o número de membros, entre outras questões. A participação é voluntária e não gera vínculo, muito menos remuneração.

O conselho é representado por diversas entidades da sociedade civil organizada, como conselhos de classe e representantes de entidades associativas, de entidades de administração esportiva, de universidades, de entidades representativas de atletas, entre outros.

Os Conselhos Municipais são uma ferramenta imprescindível para aproximar a sociedade civil do poder público, e a consolidação desse espaço é um dos elementos constituintes de uma gestão participativa. Apesar de os conselhos estarem muito vinculados à ideia de políticas públicas, estas podem – e devem – ser implantadas em outros espaços e equipamentos de esportes (entidades de administração do esporte e de prática esportiva), como federações, clubes esportivos e organizações não governamentais (ONGs) de natureza esportiva. Não são poucos os casos de federações ou clubes em que alguns dirigentes se perpetuam no poder por vários anos ou décadas, transformando-os em local de favorecimento de grupos políticos próximos ou mesmo de interesses pessoais em detrimento do benefício da grande maioria.

Um conselho bem gerido pode proporcionar condições para garantir o fortalecimento da igualdade de participação de todos os indivíduos. Para isso, é necessário: elaborar um projeto de criação do conselho, que deverá ser aprovado pelo Poder Legislativo e sancionado pelo prefeito; formular a regulamentação, detalhando o funcionamento do conselho; e indicar um administrador, que deverá ser designado por meio de Portaria.

Entre as atribuições do conselho, podemos elencar as seguintes sugestões:

- elaborar planos de ação para a promoção de políticas de acesso à prática esportiva nas diferentes dimensões (educação, lazer e rendimento);
- propor parâmetros técnicos e diretrizes para a aplicação de recursos;
- acompanhar e avaliar a execução, o desempenho e os resultados dos programas e dos projetos desenvolvidos;
- avaliar e aprovar os balancetes periódicos e o balanço da Secretaria relacionada;
- solicitar informações necessárias para o acompanhamento e o controle dos programas e dos projetos, bem como dados financeiros e orçamentários;
- mobilizar os diversos segmentos da sociedade para auxiliar e acompanhar a elaboração de planejamentos, a execução e o controle das ações da Secretaria.

Com base no que foi discutido sobre o tema, considere investigar se em seu município existe um Conselho Municipal de Esporte e Lazer. Procure saber como ele funciona, quem são os representantes e quais são as pautas discutidas. Se por acaso seu município não contar com esse recurso, procure descobrir quais são as barreiras que impedem a consolidação da proposta de implantação de um grupo.

Estar informado e conhecer o funcionamento das ações das Secretarias ou dos Departamentos de Esporte e Lazer de uma cidade é um compromisso do profissional da área. Participar ativamente dos acontecimentos e interagir com esses órgãos são tarefas permanentes que contribuem para o desenvolvimento do conhecimento técnico referente aos assuntos relacionados à área. Isso permite que o profissional se constitua como protagonista do processo de desenvolvimento do esporte e do lazer em seu espaço de atuação.

Síntese

Iniciamos este capítulo explicando que o espaço de esporte e lazer tem uma anima, como explicam Coronio e Muret (1976). Dessa palavra latina derivam as expressões animação sociocultural, animador sociocultural, animador de atividades, animador turístico etc. Essa anima, essa alma, é composta pelos profissionais de esporte e lazer e pelos recursos humanos, que compõem a base e a vida de qualquer organização.

Para complementar essa abordagem, indicamos que na gestão de espaços de esporte e lazer deve ser montada uma estrutura de recursos humanos, um quadro de pessoal com funções e atribuições bem definidas. As competências dos gestores, como líderes desse quadro, devem ser bem balanceadas, pois eles precisam interagir tanto com os frequentadores e usuários quanto com os funcionários que atuam no espaço. Por isso, é primordial haver um programa de treinamento.

Conforme demonstramos, o quadro de recursos humanos do espaço de esporte e lazer pode ser enriquecido por voluntários, que se dispõem a colaborar e podem possibilitar o aprimoramento e a melhoria das conexões com as comunidades do entorno e da cidade onde está localizado o equipamento. Não devemos nos esquecer, no caso dos espaços públicos, do papel positivo que pode ser exercido pelo Conselho Municipal de Esportes ou pelo Conselho Municipal de Esportes e Lazer, objeto de mais uma Oficina Temática, a qual encerrou este quarto capítulo.

▮ Indicações culturais

ABONG – Associação Brasileira de Organizações Não Governamentais. Disponível em: <http://abong.org.br>. Acesso em: 17 dez. 2019.

Em 1991, foi fundada a Associação Brasileira de Organizações Não Governamentais (Abong), com sede na cidade de São Paulo. Um número significativo de organizações está associado a ela. A instituição fornece assistência técnica, administrativa e jurídica para quem necessita desse tipo de serviço. Em seu site, há uma lista de organizações associadas, publicações de referência e ações desenvolvidas de cunho comunitário e social.

Há um imenso campo de atuação comunitária no Brasil, o qual funciona em praticamente todas as cidades. Somente a ideia de utilizar espaços disponíveis na cidade para atividades de esporte e lazer com metodologia de ação comunitária possibilitaria um importante avanço técnico e beneficiaria diretamente cada indivíduo e os mais diversos grupos.

▮ Atividades de autoavaliação

1. Tem-se enfatizado, no campo da gestão, a questão da liderança. O princípio basilar é que, nos espaços de esporte e lazer, a liderança desempenha um papel primordial. Com base nessa afirmação, assinale a alternativa correta:

    a) Apresentar características de líder é um fator recomendável de qualificação profissional para um gestor de espaços de esporte e lazer.
    b) A liderança não tem um papel a desempenhar na gestão do espaço.
    c) Ser um líder não faz a menor diferença no processo de gestão.
    d) As normas e os regulamentos já suprem tudo o que é necessário quanto ao comando da equipe de recursos humanos.

e) Os processos de gestão dos espaços de esporte e lazer não exigem lideranças qualificadas e preparadas.

2. A ideia de gestão tem relação com fatores comportamentais do profissional que atua na função. Analise as alternativas a seguir e assinale V para as verdadeiras e F para as falsas:

( ) Liderança proativa (contínuo reexame das práticas de trabalho)
( ) Criatividade
( ) Capacidade de assumir riscos
( ) Tolerância ao erro
( ) Conservadorismo

Agora, assinale a alternativa que apresenta a sequência correta:

a) V – V – F – V – V.
b) V – V – V – F – V.
c) V – F – F – V – F.
d) V – F – V – F – F.
e) V – V – V – F – F.

3. Rezende (2000) indica os assuntos que um profissional que atua na gestão de esporte deve dominar. Analise as sentenças a seguir e assinale a que corresponde corretamente a esses conteúdos:

a) Regras oficiais de modalidades esportivas diversas.
b) Temas que dizem respeito à compreensão conceitual de esporte.
c) Assuntos ligados à administração, ao marketing, à contabilidade, à promoção de eventos, à legislação esportiva etc.
d) Somente assuntos ligados aos processos administrativos.
e) Conteúdos específicos sobre comportamento humano e liderança.

4. O voluntariado na área do esporte e do lazer é uma questão social que tem sido promovida por organizações não governamentais e entidades do terceiro setor que apresentam projetos que atendem a comunidades carentes e em vulnerabilidade social. Assinale a alternativa correta com relação ao terceiro setor:

   a) Organização da sociedade civil, não governamental, que não pode ter fins lucrativos.
   b) Órgãos ou departamentos de secretarias públicas que desenvolvem programas e projetos sociais.
   c) Organização da sociedade civil, não governamental, com fins lucrativos.
   d) Empresas privadas que desenvolvem projetos esportivos para atender a comunidades em situação de vulnerabilidade social.
   e) Pessoas físicas que desenvolvem ações de caridade a comunidades carentes e em vulnerabilidade social.

5. Um Conselho Municipal de Esporte contribui para o desenvolvimento de uma gestão participativa. Tendo isso em vista, analise as alternativas a seguir e assinale V para as verdadeiras e F para as falsas:

   ( ) O conselho elabora planos de ação para a promoção de políticas de acesso à prática esportiva nas diferentes dimensões (educação, lazer e rendimento).
   ( ) O conselho propõe parâmetros técnicos e diretrizes para aplicação de recursos.
   ( ) O conselho acompanha e avalia a execução, o desempenho e os resultados de programas e projetos desenvolvidos.
   ( ) O conselho propõe e aprova legislações de mérito esportivo que tenham características de promoção de bem-estar social.

( ) O conselho solicita informações necessárias para o acompanhamento e o controle de programas e projetos, bem como dados financeiros e orçamentários.

Agora, assinale a alternativa que apresenta a sequência correta:

a) V – V – F – V – V.
b) V – V – V – F – V.
c) V – F – F – V – F.
d) V – F – V – F – F.
e) V – V – V – V – F.

Atividades de aprendizagem

Questões para reflexão

1. Qual é a importância da liderança no quadro dos recursos humanos nos espaços de esporte e lazer?

2. Quantas horas por ano deveriam ser dedicadas ao treinamento de uma equipe de recursos humanos de um espaço de esporte e lazer?

Atividade aplicada: prática

1. Observe e registre, atentamente, as atitudes e os procedimentos dos profissionais que atuam em determinado espaço de esporte e lazer no atendimento ao público frequentador.

Capítulo 5

Gestão de programas de esporte e lazer e sua relação com espaços e equipamentos

Neste capítulo, partindo da sugestão de um modelo de oferta e demanda de experiências físico-esportivas, apresentaremos um processo de programação de atividades e de eventos, explicitaremos sua execução e analisaremos as ferramentas de avaliação que podem ser aplicadas, de modo a esclarecer de que maneira isso permite verificar os resultados e a qualidade da ação desenvolvida.

5.1 Modelo de oferta e demanda de experiências de esporte e lazer

Antonio Carlos Bramante

A vasta literatura sobre gestão e administração recomenda, como um de seus fundamentos, o adequado ajuste entre a demanda potencial e verificada e a oferta, seja no caso de produtos, seja quando se trata de serviços, como é o caso das experiências físico-esportivas.

Enquanto essa mesma literatura apresenta farta metodologia para o processo de organizações do setor privado (mundo corporativo empresarial), nas áreas socioculturais ainda existe campo para o desenvolvimento de modelos pertinentes, fundamentais para a qualidade dos procedimentos gerenciais e para a obtenção de bons resultados operacionais.

O modelo em questão tem sido trabalhado há algum tempo para explicar o papel do gestor de esporte e lazer no Brasil, independentemente da natureza da esfera administrativa em que ele esteja atuando. O modelo é bastante singelo, conforme demonstra a Figura 5.1.

Figura 5.1 Modelo de demanda e oferta na gestão do lazer

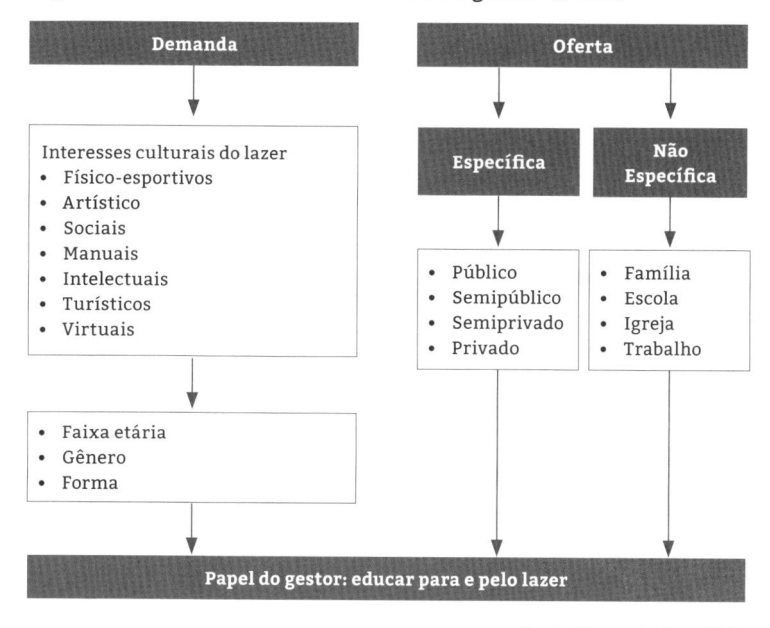

Demanda

Interesses culturais do lazer
- Físico-esportivos
- Artístico
- Sociais
- Manuais
- Intelectuais
- Turísticos
- Virtuais

- Faixa etária
- Gênero
- Forma

Oferta

Específica
- Público
- Semipúblico
- Semiprivado
- Privado

Não Específica
- Família
- Escola
- Igreja
- Trabalho

Papel do gestor: educar para e pelo lazer

Fonte: Bramante; Pina, 2019.

A Figura 5.1 exemplifica a proposta de Dumazedier (1980b) – amplamente difundida no Brasil – como uma forma de se identificar a demanda por lazer. Inicialmente, o autor aponta cinco categorias como alicerces dos conteúdos culturais do lazer: (1) físico-esportiva, (2) artística, (3) social, (4) manual e (5) intelectual. Posteriormente, foram acrescentadas mais duas categorias: a turística e a virtual. A primeira foi adicionada por Camargo (1998), ao passo que a segunda foi agregada por Schwartz (2003).

Aplicada ao esporte, a **demanda por experiências físico-esportivas** pode ser classificada, por exemplo, como recreativa, escolar, de alto rendimento, de base comunitária, voltada a pessoas com deficiência etc. Já a oferta dessas experiências pode ser definida como específica ou não específica, além de poder contar com organizações sociais que foram especialmente concebidas para atender diretamente à demanda de esporte e lazer e de outras instituições que agem de modo indireto (Bramante; Pina, 2019).

De maneira geral, as instituições contam com bases administrativas que promovem a **oferta específica de experiências** de esporte e lazer. Conforme indicamos nos capítulos anteriores, essas organizações se dividem em públicas, privadas e terceiro setor. No entanto, para esta seção gostaríamos de propor outra nomenclatura: públicas, semipúblicas, semiprivadas e privadas (Bramante; Pina, 2019).

O **setor público** apresenta três esferas de gestão: União, estados e municípios. Já o **setor semipúblico** ou **Sistema S**[1], embora seja composto por entidades privadas, receba predominantemente contribuições compulsórias do empresariado (por meio de lei federal) e ofereça ampla programação de esporte e lazer para os respectivos segmentos, também é aberto à comunidade – na maioria das vezes a preços mais acessíveis (Bramante; Pina, 2019). O **setor semiprivado**, por sua vez, é representado majoritariamente por clubes social-recreativos. Por fim, há o **setor privado**, que é o mais amplo, visto que todos os dias apresenta novos empreendimentos para atender ou produzir novas demandas, que vão de academias de ginástica a barzinhos (Bramante; Pina, 2019).

Além desses setores, é válido ressaltar que a oferta de esporte e lazer também conta com um conjunto de grupos sociais não específicos, os quais cada vez mais integram essas categorias como forma de estabelecer ou estreitar relações sociais, como é o caso, por exemplo, dos grupos familiar e profissional (Bramante; Pina, 2019).

---

[1] Serviço Social do Comércio (Sesc), Serviço Social da Indústria (Sesi), Serviço Nacional de Aprendizagem Industrial (Senai), Serviço Nacional de Aprendizagem Comercial (Senac), Serviço Social do Transporte (Sest), Serviço Nacional de Aprendizagem do Transporte (Senat), Serviço Nacional de Aprendizagem Rural (Senar) e Serviço Brasileiro de Apoio às Micro e Pequenas Empresas (Sebrae).

A oferta para suprir as demandas físico-esportivas é bastante ampla. No setor público, praticamente todas as prefeituras contam com um ou mais órgãos responsáveis pelo fomento de experiências do gênero; já no âmbito nacional, temos o Plano Nacional de Esportes e o Sistema Nacional de Esportes, que há anos encontra-se em elaboração e implementação.

O modelo esportivo competitivo tem cada vez mais incentivos financeiros oferecidos pelo Estado brasileiro por meio de renúncia fiscal, organizado em ligas, federações e confederações com base nos clubes sociorrecreativos.

O Sistema S, com sua capilaridade nacional, estimula a vivência físico-esportiva em suas instalações dentro da visão classista, beneficiando os usuários de acordo com as características de seu trabalho (indústria, comércio, serviços, agricultura, transportes etc.). Já o setor privado vem cada vez mais se apropriando do esporte de rendimento, quando não dos espetáculos nacionais e internacionais. Não é à toa que os Jogos Olímpicos são a competição com a maior audiência mundial, seguidos pela competição anual de futebol americano, o famoso Super Bowl (Badenhausen, 2018).

O modelo de oferta e demanda também se aplica às agências não específicas de fomento de experiências físico-esportivas, visto que o apelo por uma vida cada vez saudável vem, aos poucos, alterando o perfil de diversas organizações. Há centros de saúde, por exemplo, que contam com grupos organizados que oferecem determinadas atividades, como a caminhada. Da mesma maneira, há empresas que estimulam a participação dos colaboradores em competições, muitas vezes dentro de um sistema que pode levar a competições internacionais, algo que gera grande impacto na produtividade das instituições modernas. Também não é incomum observar paróquias que estimulam a prática do esporte por crianças e adolescentes como um atrativo para seus cultos.

Conforme é possível perceber, no lazer, em específico nas experiências físico-esportivas, há uma explosão de ambientes diversificados para sua prática, assim como de equipamentos, desde o mais sofisticado até o mais simples.

5.2 Programação de experiências e eventos em espaços de esporte e lazer

Luiz Wilson Alves Corrêa Pina

Qual deve ser o objetivo do gestor de esporte e lazer ao aplicar um modelo de oferta e demanda? Acreditamos que seu papel principal seja criar meios para educar pela e para a vivência de experiências lúdicas e facilitar o acesso a esses espaços por meio do alargamento do repertório. Para que isso ocorra, é fundamental desenvolver uma programação diversificada e de qualidade.

A programação de esporte e lazer pode ser considerada o planejamento e o desenvolvimento (implantação e execução) – de forma coerente e racional – de programas de atividades e de experiências para atender aos interesses e às motivações dos indivíduos, de grupos e da coletividade em modalidades de práticas socioculturais. De acordo com Gagnon (1980, p. 19, tradução nossa, grifo do original), a "**programação** é um **processo**, ao passo que o programa é o **produto resultante** desse processo. Por extensão, o termo programação é também utilizado para designar um conjunto de programas".

O programa de esporte e lazer consiste em atividades e experiências previamente estruturadas, coordenadas por quadros profissionais que atuam em determinada organização pública, privada ou do terceiro setor, sob lideranças formais, administrados pelo sistema de gestão dessa mesma organização. As atividades espontâneas, geralmente de iniciativa individual, prescindem dessa estrutura e coordenação; por exemplo: ler, ver televisão, escutar rádio, passear na praia, jogar vôlei na praia, disputar uma partida de futsal e uma quadra alugada por um grupo de amigos ou de funcionários de uma empresa. Assim, muitas experiências coletivas são organizadas por grupos formados em relações de amizade, vizinhança e trabalho. No caso dessas atividades, mesmo quando informais, elas apresentam algum modo de estruturação e coordenação desenvolvido pelos próprios membros dos grupos.

Há dois os tipos de práticas de esporte e lazer: as práticas espontâneas auto-orientadas e autogeridas, que não precisam de uma programação previamente elaborada por profissionais da área, pois os próprios participantes se organizam sob lideranças informais, fluidas e temporárias; e as práticas organizadas por um processo de programação, as quais serão apresentadas a seguir.

5.2.1 Fundamentos do processo de programação

Um dos autores clássicos do lazer, Richard Kraus (1977, p. 84, tradução nossa), afirma que "programas são desenvolvidos por meio de quatro etapas principais: filosofia, princípios, políticas e procedimentos". O mesmo autor explica as referidas etapas da seguinte forma:

> **Filosofia**. Essa palavra implica um vasto, mas inter-relacionado, sistema de pensamento, tendo a ver com crenças fundamentais sobre a natureza do homem, o papel do governo nos assuntos humanos e o significado do lazer e da recreação na vida comunitária.
>
> **Princípios**. Representam algo mais estritamente focado e especificam declarações de crença ou convicções fundamentais que fornecem a base para escolhas de programas mais diretos e decisões administrativas.

Políticas. São mais bem descritas como guias operacionais principais, que definem áreas de performance profissional ou departamental e fornecem a base para a tomada de decisão diária e a alocação de recursos. Com efeito, elas representam uma forma de traduzir princípios (que são abstratos) em ação (que é concreta).

Procedimentos. Trata-se das práticas do programa – ações administrativas diretas, regras ou procedimentos adotados pelo quadro de pessoal que resultam em serviços e atividades. (Kraus, 1977, p. 84, grifo do original, tradução nossa)

Como resultado do processo de programação, o programa de esporte e lazer deve ser articulado sobre um sistema de pensamento que inclui os significados que a sociedade atribui a esses fenômenos socioculturais; deve ser orientado por princípios elaborados pelas organizações responsáveis por sua implementação (no setor público, por exemplo, há as secretarias estaduais e municipais de esporte e lazer); deve responder às políticas de ação determinadas pelas mesmas organizações; e deve seguir procedimentos fundamentados nas experiências práticas dos recursos humanos que atuam nesses segmentos da sociedade.

Esse é um campo de trabalho ainda a ser desenvolvido no Brasil de maneira sistematizada, mediante a definição da filosofia, dos princípios, das políticas e dos procedimentos para os programas de esporte e lazer, principalmente nos setores públicos, que têm a capacidade e os recursos para atender à população em geral e contribuir de forma concreta e significativa para a melhoria de sua qualidade de vida.

Sugerimos a seguir um processo de programação de esporte e lazer.

- **Processo de programação**
    1. Elaboração do diagnóstico sobre o quadro
        - verificação e estudo do público (para quem?);
        - estudo das variáveis socioculturais no quadro da situação;

- estudo dos objetivos e das finalidades da organização em que se trabalha, os quais podem ser desenvolvidos em, pelo menos, três níveis: elementar ou superficial, médio e profundo.

2. Definição dos objetivos da programação
Toda programação deve ser feita com algum ou alguns objetivos, seja para atingir determinado número de pessoas ou uma comunidade, seja para difundir novas atividades, seja para atender determinado público.

3. Verificação dos recursos disponíveis
Os recursos disponíveis são aqueles existentes na comunidade ou na organização (clube, hotel, empresa, entidade de serviço social, parque), que podem ser agrupados em três categorias principais:

- **Recursos humanos**: programadores, animadores de lazer e demais profissionais envolvidos na programação que atuam nos espaços de esporte e lazer. Podem ser fixos ou permanentes, temporários, contratados por tarefa ou por projeto ou podem ser terceirizados, empregados de outras organizações contratadas para prestar determinado serviço, geralmente de apoio, como as empresas de limpeza e de segurança, ou para completar o quadro de animadores ou recreadores da organização responsável.
- **Recursos físicos**: instalações, espaços ou ambientes utilizados para ou nas atividades/experiências. Podem ser específicos – desenhados, projetados e construídos para receber atividades de lazer; ou não específicos – desenvolvidos em áreas com outras finalidades, como na educacional, que podem ser utilizadas para atividades ou experiências de esporte e lazer. Podem, ainda, ser áreas livres existentes na cidade ou próximas do perímetro urbano, utilizadas por cessão ou permissão

dos proprietários, pessoas físicas, jurídicas ou setores públicos. Esses recursos incluem aqueles que são geralmente denominados recursos materiais, como sistemas de som, bolas para práticas esportivas, tabelas, tintas, brinquedos e materiais de jogos.

- **Recursos financeiros**: trata-se do dinheiro a ser utilizado na atividade para cobrir seus custos ou suas despesas, podendo vir de muitas fontes (quando a programação é realizada em parceria) ou de uma única fonte (quando é de inteira responsabilidade da organização que está organizando a programação). Parte dele, quando a organização não tem finalidade lucrativa, pode ser obtida com a cobrança de taxas dos frequentadores; quando a organização tem finalidades lucrativas, o que o usuário paga pelos serviços recebidos deve cobrir todas as despesas e ainda deixar uma margem de lucro.

4. Estudo e determinação do local

O estudo deve considerar: as características físicas e os recursos desses locais, como áreas para atividades (quadras, salas); a infraestrutura (sanitários, vestiários); a topografia; e os espaços naturais (lagos, rios, praias). A determinação do local tem um papel decisivo quando se estrutura ou se monta a programação.

5. Estudo e determinação do tempo

Corresponde à data e ao período de duração da programação, que pode ser permanente (de modo continuado ou temporário), acontecendo por tempo determinado ou se repetindo em alguns períodos; ou eventual, concentrada em um curto período que pode se repetir ocasionalmente – mês a mês, semestre a semestre, ano a ano – ou não se repetir. A distinção entre as programações temporária e eventual não é rígida, diferenciando-se pela duração; muitas vezes, um evento repetido acaba se transformando em uma programação temporária, consolidada na programação geral de um centro cultural, por exemplo.

6. Elaboração do programa ou da programação

O programa é composto por um conjunto de atividades e experiências permanentes ou temporárias e pode compreender também eventos que devem ser associados às modalidades do programa ou da programação (conjunto de programas). O conteúdo da programação deve englobar as atividades, as experiências e os eventos que serão realizados e suas respectivas modalidades.

O programa de atividades, experiências e eventos deve ser sempre completado por um programa de divulgação, que deve ser diversificado. As próprias atividades podem ser usadas como meio de divulgação, sendo o complemento indispensável a qualquer programação.

7. Implantação, realização, acompanhamento e controle

Uma vez finalizado o programa ou a programação (conjunto de programas), o público frequentador é recebido para participar do que está sendo oferecido. O **quadro funcional** executa o que foi programado com acompanhamento cuidadoso para garantir a qualidade do atendimento e da participação, ao passo que o **quadro gerencial** adota procedimentos de controle para verificar os resultados, fazer as correções necessárias e reunir referências técnicas para outros programas ou para a revisão da programação geral do espaço de esporte e lazer.

8. Avaliação

De acordo com Dumazedier (1980a, p. 111), a avaliação pode ser feita com base em, pelo menos, três critérios:

 a. **Efetividade da programação**: o que aconteceu, com inventário dos resultados previstos ou não previstos da ação;

b. **Eficácia da programação**: comparação entre os resultados obtidos pela ação e as necessidades às quais se buscou atender (ou os objetivos que se procurou atingir);
c. **Eficiência da programação**: comparação entre os resultados obtidos e os recursos mobilizados.

Avaliar os resultados da programação é importante para o gestor, pois permite que melhorias sejam implantadas, atividades com pouco efeito para o público sejam substituídas ou aprimoradas, sugestões e críticas sejam registradas. A avaliação deve, na medida do possível, ser contínua e permanente. É um campo de trabalho muito interessante a ser desenvolvido no Brasil, nas áreas de atuação do esporte e do lazer.

Organização de atividades e experiências de esporte e de lazer

As atividades e as experiências de esporte e lazer devem ser escolhidas com base na ponderação das seguintes variáveis:

- **Preferências e interesses do público**: modismos, costumes, informação, formação, experiência, aprendizado, disposição.
- **Características do público**: idade, local de residência, nível socioeconômico, profissão ou trabalho.
- **Características das instalações ou dos espaços de lazer disponíveis**: tipos de atividades que podem ser realizadas e quantidade de pessoas que podem ser atendidas, conforme a capacidade das instalações e de suas qualidades construtivas (espaços cobertos ou descobertos, acessibilidade, tratamento acústico). Auditórios que não se prestam adequadamente para atividades teatrais e piscinas de competição (fundas) que não são boas para atividades recreativas são exemplos de situações que podem comprometer a programação.

- **Período (ano, mês ou semana)**: cada período apresenta determinadas condições climáticas que interferem na programação ou na frequência do público – prever o uso de piscinas descobertas é viável no verão (em estados com clima temperado), mas não é recomendável no inverno, por exemplo. A frequência também varia de acordo com os dias da semana, considerando-se dias úteis e fins de semana, bem como as "temporadas. Tudo isso deve ser cuidadosamente ponderado durante a elaboração do programa ou da programação.
- **Condições climáticas**: de conhecimento comum, cada região tem condições climáticas próprias que, muitas vezes, são negligenciadas ou mesmo esquecidas, o que prejudica a obtenção dos resultados pretendidos.
- **Programações desenvolvidas em outros espaços**: programas de esporte e lazer realizados em outros locais, por outras organizações. Essas programações podem provocar a redução do público atendido por atrair sua atenção e redirecionar sua frequência. Também podem concorrer no uso de recursos com os quais se contava previamente; por exemplo, grupos de cultura popular local agendados para uma programação podem ser convidados por outra organização para um evento nos mesmos dias; recursos financeiros previamente oferecidos podem passar a ser destinados a outras atividades etc.
- **Informações sobre os recreadores e animadores**: levantamento das competências, das ideias e das experiências desses profissionais.
- **Interesses, ideias, informações e formação das lideranças e dos empreendedores**: por exemplo, interesses políticos do setor público e interesses econômicos no setor privado.

- **Cultura local (nacional, regional, urbana)**: comportamentos e preferências coletivas em produções culturais locais – o que é feito nas artes, nos esportes etc., o que é divulgado e conhecido, o que não é divulgado nem conhecido, as influências dos meios de comunicação sobre as pessoas e as coletividades, entre outros.

As variáveis citadas devem fazer parte dos conhecimentos técnicos dos gestores e dos profissionais encarregados pela elaboração dos programas de atividades, visto que fundamentam todo o processo de programação. Se não for possível estruturar um conhecimento profundo nessas questões, pelo menos um conhecimento prévio e preliminar deve ser construído, pois tais variáveis interferem nos resultados que se pretende obter com as atividades e experiências propostas.

5.2.2 Estruturação da combinação de atividades e experiências

Escolhidas as modalidades do programa ou da programação, deve ser definido o modo como elas serão oferecidas – como atividades/experiências permanentes ou como eventos.

Atividades ou experiências permanentes são aquelas oferecidas pelas organizações de lazer de modo contínuo, em períodos e horários predeterminados, repetindo-se sempre, dia após dia, semanal ou mensalmente, ao longo de todo o ano. Elas constituem a estrutura básica de serviços de qualquer organização de esporte e lazer e estimulam a procura pelo público, sua permanência e a fidelidade de sua frequência. Piscina coberta e aquecida que funciona o ano inteiro; cursos de iniciação esportiva em piscinas, quadras e campos; e oficinas artísticas nos centros culturais são exemplos de atividades ou experiências permanentes.

Já os eventos ocorrem em períodos previamente determinados, formados por uma única atividade ou por um conjunto de atividades associadas e direcionadas para um ou vários temas. Eles acontecem e são produzidos com uma estrutura de início, meio e fim, envolvendo sempre vários procedimentos organizacionais, muitas vezes complexos. O Festival de Teatro de Curitiba; festivais de dança com grupos locais realizados em quadras de ginásios; competições esportivas diversas; e torneios nas quadras dos centros esportivos são exemplos de eventos.

A diferenciação fundamental entre os dois modelos indicados é que um se oferece de modo permanente e o outro se oferece de forma temporária ou ocasionalmente.

A estrutura da programação deve combinar atividades diversificadas, eventos diversificados e várias modalidades. Os temas dos eventos devem ser ligados direta ou indiretamente às atividades realizadas de maneira permanente. Por exemplo: em centros esportivos, o torneio de natação tem relação com os cursos de iniciação à natação; em centros culturais, o festival de teatro engloba as apresentações teatrais regulares. Pode-se iniciar uma atividade anual permanente a partir da realização de um evento. Em um centro esportivo, as atividades anuais praticadas em quadras e piscinas podem ser iniciadas com um torneio ou campeonato, e também encerradas do mesmo modo.

Estrutura de programação: descrição e apresentação

A programação deve ser estruturada e descrita de maneira clara e precisa tanto para quem a prepara quanto para quem atua e a divulga ao público. As maneiras de descrever e estruturar a programação podem ser as seguintes:

- **Por período (semana, mês, ano)**: as organizações mais estruturadas elaboram programações anuais que são aperfeiçoadas constantemente ao longo de sua realização.

- **Por modalidade**: o esporte e o lazer são muito diversificados e apresentam inúmeras modalidades. Um programa pode ser temático (uma modalidade específica) e agrupar atividades ou experiências semelhantes.
- **Por local**: programa de parque aquático ou de piscina, de ginásio polidesportivo, de teatro, de área de exposições, de biblioteca.

Descrever a estrutura da programação é uma etapa importante no processo de comunicação dos espaços de esporte e lazer, visto que possibilita que as informações necessárias sejam transmitidas de modo claro e direto para o público frequentador.

5.3 Execução de programas operacionais de esporte e lazer

Luiz Wilson Alves Corrêa Pina

Uma das funções da administração ou da gestão é a execução. Elaborados os programas de esporte e lazer, que em seu conjunto formam a programação dos espaços, espera-se que sejam devidamente executados, apresentados para os clientes ou frequentadores, divulgados, explicados quando necessário e, finalmente, oferecidos para as práticas e para as experiências que farão parte da qualidade de vida das pessoas e das coletividades.

A execução dos programas constitui em si uma experiência profissional das mais importantes, geralmente sistematizada dentro da própria cultura da organização, na qual todos já estão habituados ou acostumados com a sequência de procedimentos que permitem sua prática.

5.3.1 Execução de programas

Sancho (1997) propõe um modelo de desenvolvimento metodológico para a execução de programas. Incorporamos alguns dos procedimentos que compõem esse modelo na presente (e sintética) sugestão. Os demais itens apresentados são de nossa autoria, assim como as explicações apresentadas, que foram pensadas e adaptadas para nossas condições e realidades.

Na assunção das operações a serem efetivadas, a equipe de gestão e de operação deve "assumir" a programação elaborada, que, mesmo pronta, precisa ser flexível o suficiente para aceitar alterações ao longo do tempo em virtude das mutáveis e influentes condições socioculturais do meio a que será aplicada (Sancho, 1997).

A definição das funções, das responsabilidades e das atribuições de toda a equipe deve ser clara, pois todos devem ter ideias objetivas do que farão e ter ciência dos procedimentos que seguirão na realização das atividades e dos eventos e nos serviços de atendimento ao público.

O processo moderno implica que todos devem atuar em conjunto, formando grupos de trabalho para cada operação. Por exemplo, no caso de um evento, constitui-se como uma equipe multidisciplinar aquela formada por colaboradores de diversos setores da organização, os quais devem pensar, planejar, definir, executar e avaliar todas as operações concernentes.

A elaboração dos cronogramas de toda a programação (semanal, mensal, por temporada, conforme as estações do ano, os feriados e as datas especiais) deve envolver a equipe de recursos humanos do espaço de esporte e lazer, que precisa ter conhecimento dos detalhes. Ela também é fundamental para os procedimentos de comunicação, divulgação e *marketing*, a cargo da equipe diretamente responsável, sob supervisão do gestor ou da equipe gestora.

As reuniões periódicas da equipe técnica precisam ser agendadas com antecedência, deixando-se aberta a possibilidade de reuniões fora do calendário para o caso de emergências ou de mudanças que afetem a programação. Por exemplo, uma falha na casa de máquinas da piscina pode exigir uma semana de desativação do espaço. Em outras palavras, a providência a ser tomada para minimizar ou mitigar o problema ocorrido pode motivar a realização de uma reunião da equipe gestora e técnica. Sugere-se que as reuniões tenham pauta prévia e horários predeterminados para começar e, principalmente, para terminar. Devem ser objetivas e diretas, buscando soluções operacionais práticas e viáveis.

Deve ser realizado o estudo das problemáticas que possam se apresentar, pois são inevitáveis os fatores que afetam a programação ao longo de sua oferta para os usuários: fatores socioculturais locais, regionais e urbanos; variáveis internas da própria organização responsável pelo espaço de esporte e lazer; situação sociopolítica e socioeconômica, que interfere em orçamentos, receitas, despesas, realização de eventos; preferências do público frequentador, que podem variar com o tempo; opções da equipe gestora e da equipe técnica, que podem optar por modificações nas atividades e nas experiências (Sancho, 1997). Recomenda-se que as equipes encarregadas da gestão dos espaços de esporte e lazer e da execução da programação estudem e analisem essas questões antes do início do evento e durante todo o processo, para fazer as mudanças necessárias sem prejuízo para a organização responsável ou para o público frequentador e para a obtenção de bons resultados operacionais. Esse é um trabalho complexo e difícil, mas sumamente enriquecedor do ponto de vista técnico para todos os profissionais envolvidos.

Definir o cronograma das aulas e dos treinamentos precisa ser parte permanente da programação, assim como ajustar as devidas atribuições para o corpo de instrutores (professores, monitores, conforme a denominação utilizada pela organização) com os respectivos quadros de horários, que devem ser de conhecimento geral da equipe técnica e dos frequentadores. É necessário também o acompanhamento permanente dessas atividades por parte de gestores e técnicos de programação. Nesse sentido, deve-se verificar o uso dos espaços e dos recursos e o comportamento dos monitores e dos frequentadores, observar as atitudes dos usuários quanto ao seu grau de satisfação ou de desagrado e supervisionar as escalas de pessoal (diárias, semanais e mensais) e as reuniões de avaliação com os profissionais encarregados.

A previsão e a definição do cronograma de campeonatos e de torneios nas várias modalidades esportivas precisam fazer parte da elaboração dos regulamentos, quando necessário, com acompanhamento direto de sua divulgação e execução, reuniões de avaliação com os profissionais encarregados e revisão do processo para melhoria de sua qualidade. Da mesma forma, a previsão e a definição do cronograma das atividades para os públicos especiais devem considerar as experiências adaptadas para eles, o acompanhamento de sua execução, a revisão para melhoria da qualidade, a observação do processo para correção de erros e a confirmação de acertos e reuniões de avaliação com os profissionais encarregados.

Na execução, no acompanhamento e na supervisão das ações em parceria com outras organizações, quando essas ações fazem parte da programação geral do espaço de esporte e de lazer, é importante preparar um calendário de reuniões com os representantes, definir os recursos envolvidos de cada parceiro e realizar os ajustes técnicos necessários (processos diferentes de animação, por exemplo, ou horários de trabalho diferenciados). O calendário das reuniões preparatórias também pode ser determinado, com supervisão e avaliação das realizações em parceria, podendo-se analisar os resultados obtidos e, assim, planejar as próximas ações.

De acordo com Sancho (1997), se houver necessidade, manuais técnicos de procedimento podem ser elaborados para cada área de ação (modalidades esportivas, modalidades artísticas), bem como manuais específicos para o uso dos espaços (piscinas, quadras, teatros, salas de atividades gerais, salas de atividades físicas e assim por diante).

5.4 Ferramentas de avaliação de programas de esporte e lazer

Antonio Carlos Bramante

Como abordado anteriormente nesta obra, a evolução das vivências práticas de esporte e lazer no Brasil superou, em muito, sua gestão. O mesmo fenômeno ocorreu no campo dos espaços e dos equipamentos para o esporte e o lazer, seja no Poder Público, seja na iniciativa privada. Os estudos de planejamento e de viabilidade dessas instalações são raros em nosso país, e, como resultado, quando não devidamente utilizados, é comum observarmos a deterioração desses espaços ao longo do tempo. Isso se deve a uma cultura instalada de implantação do "novo" sem levar em conta a manutenção do "existente".

Se o planejamento e os estudos de viabilidade são escassos, da mesma maneira, uma vez em operação, a utilização operacional e funcional das ferramentas de avaliação dos programas de esporte e lazer, especialmente na esfera pública, deixa ainda muito a desejar. Como já enfatizado, "planeja-se pouco, executa-se muito e avalia-se quase nada" (Bramante, 1997, p. 128).

O desequilíbrio observado nas três dimensões da gestão (planejamento, execução e avaliação) gera consequências de grande impacto social e econômico no uso das instalações de esporte e lazer. É por essa razão que nesta seção apresentaremos algumas ferramentas gerenciais de avaliação que poderão contribuir para a qualificação das experiências vividas pelos usuários do esporte e do lazer.

5.4.1 Pesquisa diagnóstica

Uma das dificuldades muito comuns encontradas pelos gestores do esporte e do lazer quando iniciam um trabalho é a ausência de dados qualificados referentes ao ambiente de atuação como um todo. Infelizmente, quando o apontamento existe, ele não é sistematizado ao longo do tempo para se ter o desenho de um perfil histórico. Diante desse desafio, trataremos de uma ferramenta simples de coleta de dados que poderá oferecer indicadores para a intervenção gerencial. Esse exemplo foi utilizado em um trabalho realizado em mais de 250 unidades operacionais do Serviço Social da Indústria (Sesi) de todo país. Ele deve ser replicado após o intervalo de dois anos para comparar o progresso ou o retrocesso, a fim de se definir possíveis intervenções.

Vale lembrarmos que todo e qualquer instrumento de coleta de dados deve ser precedido por um convite formal de aceite daqueles que serão informantes. O convite deve destacar a sua relevância e seu impacto no trabalho daqueles que irão preenchê-lo. Igualmente importante será indicar o prazo de retorno. Confira a seguir os itens que fazem parte desse diagnóstico.

1. Dados de identificação
   Nome da unidade, cidade, endereço completo, nome da pessoa para contato e sua função, *e-mail*, telefone, quem preencherá o formulário, entre outros.
2. Características físicas do ambiente de esporte e lazer
   Área do terreno e área construída em metros quadrados.
3. Espaços e equipamentos específicos de esporte e lazer existentes e seu grau de conservação
   Listagem dos ambientes com as quantidades e o grau de conservação de cada um deles, que poderá ser expresso por

meio de uma escala semântica equilibrada como "Ótimo", "Bom", "Regular", "Ruim" e "Péssimo".

4. Mapa de utilização das cinco principais instalações de esporte e lazer
Análise individual em planilha específica que combine o horário de uso em potencial (por exemplo, das 6 às 22 horas) e os dias da semana (de segunda a sábado) para preenchimento do uso real.

5. Nomeação
Definição dos três principais pontos fortes das instalações e dos três principais pontos frágeis.

6. Recursos humanos
Corpo gestor, técnico, administrativo e operacional. Para cada um deles, é preciso registrar em uma planilha a formação, o campo de atuação profissional (cargo) e o tipo de vínculo empregatício dos funcionários, especificando-se a quantidade de celetistas, terceirizados e "outros" (se houver) e o gênero. É também importante identificar se nos últimos seis meses os colaboradores fizeram cursos de atualização e se houve estímulo, incentivo ou patrocínio (parcial ou total) por parte da instituição para que isso ocorresse.

7. Recursos financeiros
No orçamento geral da instituição, especialmente se ela atua em outros campos além do esporte e do lazer, deve-se identificar o que cabe a essa área em específico. Na maioria das vezes, há uma diferença entre o orçamento previsto e o executado. Essas informações poderão ser organizadas em uma planilha comparativa dos dados do ano anterior com os do ano em curso. Outra informação importante poderá ser a identificação dos recursos aplicados tanto no ano anterior quanto no corrente no que se refere a investimentos, material de consumo, recursos humanos, serviços de terceiros e "outros".

8. Informações gerais referentes à instalação de esporte e lazer
   - Número de atendimentos no ano anterior e no atual: deve-se especificar em uma planilha as distintas categorias de usuários.
   - Perfil dos usuários (ano atual como base): qualificação da informação por variáveis demográficas e identificação do número e do respectivo percentual que a categoria representa no todo:
     - sexo/gênero;
     - idade: crianças (0 ano a 12 anos), adolescentes (13 anos a 18 anos), jovens adultos (18 anos a 35 anos), adultos (35 anos a 65 anos) e idosos (acima de 65 anos);
     - nível de renda (em salários-mínimos – $M): Grupo I (até um SM), Grupo II (de um até três SM), Grupo III (de três até cinco SM), Grupo IV (de cinco até dez SM) e Grupo V (mais de dez SM);
     - nível educacional: ensino fundamental incompleto ou completo, ensino médio incompleto ou completo, ensino superior incompleto ou completo, pós-graduação;
     - mecanismos de participação do usuário: se ela existe em comissões específicas, como é feita a comunicação com os usuários e se eles interferem na alocação de recursos dentro da unidade;
     - perfil de frequência dos usuários: ativo (frequenta o local três ou mais vezes por semana), regular (frequenta o local, pelo menos, uma vez por semana), esporádico (frequenta o local, pelo menos, uma vez por mês) e infrequente (não frequenta o local há mais de 6 meses);

- percentual de evasão dos programas permanentes: frequência semanal, após 3 meses de funcionamento etc. – deve-se questionar as possíveis razões dessa ocorrência;
- verificação da popularidade das atividades: levantamento das três atividades mais procuradas pelos usuários da unidade e das três menos procuradas;
- indicação do horário de funcionamento: de segunda-feira a sexta-feira, aos sábados e em domingos e feriados, por exemplo;
- perfil do dirigente principal responsável pelo esporte e pelo lazer, levando-se em consideração as seguintes variáveis: há quanto tempo está na instituição; há quanto tempo está no cargo atual; formação acadêmica; número de horas que trabalha por semana; idade (opcional); e faixa salarial (opcional), tendo como alternativas: (I) até três SM, (II) de três a cinco SM, (III) de cinco a dez SM, (IV) de dez a quinze SM e (V) mais de quinze SM;
- identificação do estilo gerencial da pessoa: neste item, deve-se indicar o percentual do tempo habitualmente gasto em tarefas como trabalho administrativo ou burocrático, trabalho de orientação de recursos humanos, atendimento ao público em geral e atendimento ao usuário;
- pesquisa de satisfação do usuário: se tiver sido realizada alguma pesquisa do gênero nos últimos 12 meses, deve-se descrever brevemente os procedimentos e os resultados (Bramante; Marcolino, 2010).

É importante destacarmos que cada um dos itens constantes nesse diagnóstico tem sua razão de ser, desde o conjunto de recursos existentes até as características dos frequentadores reais e em potencial desses ambientes de esporte e lazer.

5.4.2 Inventários de esporte e lazer

Embora pesquisas qualitativas (e a própria realidade) tenham revelado que nem sempre as respostas das pessoas com relação à sua predileção, em termos de esporte e lazer, se confirmem[2], perguntar as expectativas do usuário real é ainda uma alternativa necessária para aproximar a demanda da oferta. Os inventários de esporte e lazer podem ser compostos desde uma lista de opções de atividades e esportes até ferramentas mais sofisticadas que permitam combinar a análise de variáveis demográficas e psicográficas.

Tendo em vista as categorias gerais apresentadas anteriormente, podemos combinar na primeira categoria, por exemplo, faixa etária e gênero ou nível de escolaridade e faixa de renda para compor o questionário. Já na segunda categoria, podemos introduzir mensurações dos níveis de satisfação com relação a determinados estágios de experiência, razões para a adesão a certas experiências em períodos do dia, mês ou ano etc.

Para fins de exemplificação, indicamos a seguir duas sugestões de inventário: uma para o usuário real e outra para o usuário em potencial. O primeiro é um modelo elaborado com base em um questionário aplicado aos membros da Associação Atlética Banco do Brasil (AABB). Em virtude da semelhança entre as perguntas utilizadas nesses tipos de inventários, no primeiro exploramos mais o conteúdo das perguntas, ao passo que no segundo oferecemos uma proposta metodológica para captar as informações de usuários em potencial.

---

[2] Isso porque embora o respondente da pesquisa indique que deseja vivenciar certa experiência, quando ela é ofertada, nem sempre ele comparece.

Adaptação da pesquisa sobre os hábitos de esporte e lazer dos associados da Associação Atlética Banco do Brasil (AABB)

1. Há quanto tempo você é sócio da AABB?
   - [ ] Há menos de um ano.
   - [ ] De um ano a menos de três anos.
   - [ ] De três anos a menos de cinco anos.
   - [ ] Há mais de cinco anos.
2. Com que frequência você vem à AABB?
   - [ ] Três ou mais vezes por semana.
   - [ ] Pelo menos uma vez por semana.
   - [ ] Pelo menos uma vez nos últimos 30 dias.
   - [ ] Há mais de um mês não frequento a AABB.
   - [ ] Há mais de um ano não frequento a AABB.
   a. (Se sua resposta à questão 2 estiver entre as três primeiras opções) Como você classifica sua experiência de lazer vivida na AABB?
      - [ ] Muito boa.
      - [ ] Boa.
      - [ ] Ruim.
      - [ ] Muito ruim.
   b. (Se sua resposta à questão 2 estiver entre as duas últimas opções) Indique até três razões que justifiquem sua falta de frequência à AABB:
      - [ ] Localização inadequada.
      - [ ] Falta de meio de transporte.
      - [ ] Horário inadequado de funcionamento.
      - [ ] Local mal conservado.
      - [ ] Local muito lotado.
      - [ ] Local muito vazio.
      - [ ] Falta de tempo.
      - [ ] Falta de dinheiro.
      - [ ] Não participo por opção pessoal.
      - [ ] Não tenho habilidades para praticar as atividades oferecidas.

[ ] Não conheço muito bem a programação desenvolvida.
[ ] Não me interesso pela programação desenvolvida.
[ ] Não gosto das pessoas que frequentam o local.
[ ] Falta opções de atividades para a participação de toda família.
[ ] Outras razões (especificar):

3. Com relação ao grau de informação sobre a programação de esporte e lazer desenvolvida na AABB:
[ ] Não tenho qualquer informação.
[ ] Tenho pouca informação.
[ ] As informações que tenho são suficientes.

4. No geral, você gostaria de saber mais sobre a programação da AABB?
[ ] Sim.
[ ] Não.

5. Como você fica sabendo da programação de esporte e lazer desenvolvida pela AABB? (Assinalar mais de um meio de comunicação, se necessário):
[ ] Amigos.
[ ] Mala direta enviada pela AABB.
[ ] Divulgação interna na AABB (cartazes, folhetos).
[ ] Divulgação dentro das dependências do Banco do Brasil.
[ ] Jornais da cidade.
[ ] Rádios da cidade.
[ ] Mídias sociais.
[ ] Outros (especificar): _____

6. Você conhece o Estatuto da AABB e seu regimento interno?
[ ] Sim, conheço os dois.
[ ] Conheço apenas o estatuto.
[ ] Conheço apenas o regimento interno.
[ ] Não conheço nenhum dos dois.

7. Gostaria de receber uma cópia de algum deles?
   [ ] Do Estatuto da AABB.
   [ ] Do regimento interno.
   [ ] Não gostaria de receber nenhum deles.
8. Já participou da eleição da Diretoria da AABB?
   [ ] Sim.
   [ ] Não.
9. Você sabe como a Diretoria da AABB é escolhida?
   [ ] Sim.
   [ ] Não.
10. Você deseja participar mais dos planejamentos da AABB?
    [ ] Sim.
    [ ] Não.
11. Você é associado a algum outro clube social recreativo na cidade?
    [ ] Sim.
    [ ] Não.
    Se sim, indique o nome de até dois deles e explique o que eles oferecem a mais com relação à AABB.
    _____
    _____
    _____

12. Indique as atividades físicas ou de lazer das quais você participou nos últimos 30 dias (dentro dou fora da AABB).
    _____
    _____
    _____

13. Indique as três atividades de esporte e lazer que você mais aprecia na AABB.
    _____
    _____
    _____

14. Indique as três atividades de esporte e lazer que você menos aprecia na AABB.

_____
_____
_____

15. Avalie a qualidade das instalações físicas da AABB.

	Ótima	Boa	Ruim	Péssima
Quantidade de instalações físicas	[ ]	[ ]	[ ]	[ ]
Grau de conservação	[ ]	[ ]	[ ]	[ ]
Manutenção	[ ]	[ ]	[ ]	[ ]
Outro (especifique):	[ ]	[ ]	[ ]	[ ]

16. Indique qual é seu lazer predileto (cite até três atividades, independentemente de serem oferecidas pela AABB).

_____
_____
_____

17. Dê sugestões para estimular sua maior presença e participação nas atividades de esporte e lazer promovidas pela AABB.

_____
_____
_____

18. Como você classifica a qualidade da prestação de serviços feita pela AABB?

	Ótima	Boa	Ruim	Péssima
Portaria	[ ]	[ ]	[ ]	[ ]
Secretaria	[ ]	[ ]	[ ]	[ ]
Corpo Técnico	[ ]	[ ]	[ ]	[ ]
Outro setor (especifique):	[ ]	[ ]	[ ]	[ ]

19. Você exerce atividade remunerada em fins de semana?
    [ ] Sim.
    [ ] Não.

[ ] Em caso positivo, inclua o número de horas tanto do sábado quanto do domingo:
_____
_____
_____

20. Quantas horas por semana você trabalha, incluindo todas as obrigações profissionais, familiares e comunitárias?
[ ] Menos de 30 horas.
[ ] De 30 a 39 horas.
[ ] De 40 a 44 horas.
[ ] De 45 a 49 horas.
[ ] De 50 a 59 horas.
[ ] 60 ou mais horas.

21. Quantas horas de lazer você tem por semana?
[ ] Menos de 10 horas.
[ ] De 10 a 15 horas.
[ ] De 16 a 20 horas.
[ ] De 21 a 25 horas.
[ ] Mais de 25 horas.

Fonte: Elaborado com base em Bramante, 2018.

Na parte final do questionário, visando identificar o respondente e cruzar os dados, pode-se perguntar algumas características pessoais, com respostas opcionais, como gênero, estado civil, faixa etária, grau de escolaridade, ocupação, faixa salarial e se na família há algum membro deficiente.

Conforme é possível perceber, buscar informações sobre o "cliente real" visando oferecer uma programação qualificada não é uma tarefa tão difícil. Mais trabalhoso é projetar as expectativas do "cliente em potencial", em especial quando se observa, empiricamente, que há uma possibilidade de maior atendimento aos serviços de esporte e lazer prestados.

Considerando que a proximidade do local de esporte e lazer da residência ou do ambiente de trabalho seja um indicador relevante para potencializar a frequência das pessoas, propusemos a seguir alguns parâmetros para a coleta de dados.

Método de identificação de usuários em potencial em determinado ambiente de lazer

1. Localizar o espaço ou equipamento de lazer em um mapa.
2. Traçar três círculos a partir desse local, a uma distância de 500, 1.000 e 3.000 metros, respectivamente[3].
3. Identificar em cada um desses estratos as ruas e listá-las.
4. Sortear três vias em cada estrato.
5. Identificar em cada via sorteada pelo menos três residências, adotando como regra básica seu porte e grau de conservação, da menor ou menos conservada para a maior ou mais bem conservada.
6. Realizar uma entrevista semiestruturada com um morador com mais de 18 anos de idade utilizando as questões apresentadas anteriormente – com as devidas adaptações.

Cabe ao gestor ter informações qualificadas que facilitem o planejamento e o desenvolvimento de programas diversificados de esporte e lazer, seja qual for o ambiente e o nível de especialização.

---

[3] Essas distâncias foram consideradas como possíveis variáveis facilitadoras da frequência ao ambiente de esporte e lazer, tendo em vista a mobilidade (até mesmo a pé), aspectos ligados à segurança e uma programação que atenda aos interesses do usuário em potencial.

Oficina temática

Programa de atividades e eventos para determinado espaço de esporte e lazer existente na cidade

Antonio Carlos Bramante

Apesar de o campo de atuação profissional na gestão dos esportes e do lazer ser muito diversificado, não se pode ignorar que provavelmente o município seja o principal foco a ser explorado, já que o Brasil tem mais de 5 mil cidades. Por essa razão, embora alguns dos modelos aqui apresentados possam ser aplicados nos mais distintos ambientes de esporte e lazer, eles foram especialmente considerados na perspectiva das políticas públicas.

■ Modelo tridimensional da gestão de atividades e de eventos

Em décadas de experiência no poder público, na iniciativa privada e no terceiro setor no campo do esporte e do lazer, em especial na área de edificação de ambientes específicos, constatamos que a vasta maioria dos locais não conta com um plano estratégico de intervenção, o que compromete, no médio e no longo prazos, a programação desses locais. São raras as oportunidades em que a programação, mediante ampla consulta tanto do usuário real quanto do potencial, serve de subsídio para pautar o planejamento e o desenvolvimento de espaços e de equipamentos de esporte e lazer (conceito de viabilidade). O que mais se observa, na atualidade, é a tentativa de otimizar o uso dessas instalações a partir de ambientes pré-existentes (conceito de sustentabilidade).

Portanto, a ênfase nesta oficina será na estruturação de um programa de experiências esportivas e de lazer calcado em modelos que possam auxiliar o processo de minimização dos efeitos da ausência de planejamento desses locais em sua fase embrionária. Essa proposta partiu de um modelo simples, adotado no

Esporte para Todos, um movimento que teve grande impacto na democratização de acesso às práticas de esporte e lazer no fim da década de 1970 e início de da década de 1980. Trata-se de um modelo que foi denominado PAIE: P de permanente, A de apoio, I de impacto, E de especial (Brasil, 1983).

Esse modelo organizacional considerava as seguintes variáveis:

1. periodicidade da ação;
2. porte do projeto e abrangência dos interesses culturais do lazer;
3. utilização de recursos humanos especializados;
4. grau de dependência administrativa.

Cada dimensão mencionada corresponde a um dos lados da Figura 5.2, cujas intersecções permitem construir uma modelo que fuja da simples execução de eventos para construir uma política programática de ações interconectadas.

Figura 5.2 Cubo do lazer

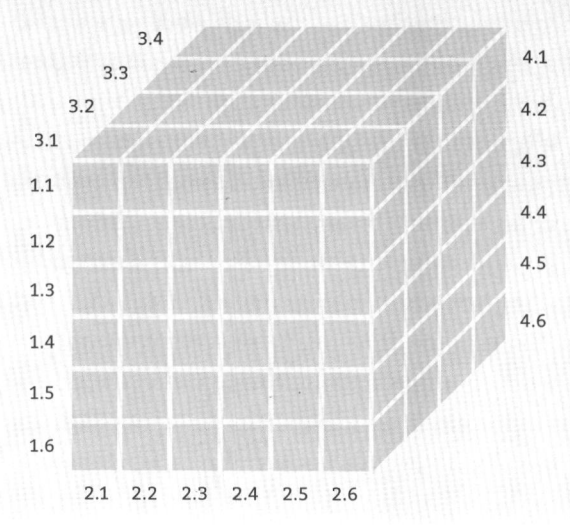

Para demonstrar a aplicação, usaremos o futebol como exemplo, que pode representar muito bem esse binômio esporte-lazer. As ações de permanência ocorrem no dia a dia por meio de atos de simples execução, normalmente com predominância clara em um dos interesses culturais do lazer, com apoio de voluntários e realizado segundo as características do contexto sociocultural local. No caso do futebol, um exemplo típico são as chamadas escolas de esportes, com duas ou três aulas semanais obedecendo a uma sequência pedagógica adequada às habilidades gerais dos participantes, realizada em módulos com duração máxima de 4 meses, para motivar a evolução nos módulos.

As ações de apoio, como o próprio nome informa, devem dar sustentação à motivação da programação permanente, fazendo uma ponte entre esta e os eventos de impacto. No exemplo que estamos seguindo, durante a realização dos módulos, a cada fim de mês seria programada uma pequena atração visando ampliar o conhecimento da modalidade esportiva e diversificar os interesses culturais do lazer a partir do tema principal. Como exemplo de ações de apoio poderíamos sugerir a projeção de vídeos, oferecer a presença de um atleta profissional para conviver por um dia com o grupo, levar os participantes para assistir a um jogo profissional, trazer um trio de árbitros para esclarecer as regras do esporte, manter um "jornal mural" com fotos e notícias sobre o esporte, promover entrevistas, realizar concursos artísticos temáticos etc.

Considerando as variáveis mencionadas, a ação de impacto ocorre uma ou duas vezes ao ano, com grande conotação de festa, abrangendo de maneira temática os mais diversos interesses culturais do lazer, com uma equipe multiprofissional e gerenciamento centralizado, dada a complexidade das providências exigidas para sua execução. No futebol, poderia ser o Festival do Futebol, programado ao fim de cada módulo. O evento contaria com a participação dos pais e com uma combinação prática, estética e científica (Dumazedier, 1980b).

Durante esse evento, além da aglutinação dos exemplos dados nas ações de apoio, poderiam ser adicionadas práticas adaptadas de esporte, como duplas de pai e filho em cobrança de penalidade máxima, mães com chutes a gol à média distância sem goleiro, concurso de "embaixadinhas" entre famílias, com contagem acumulativa, e troca de passes "dois toques". Espaços alternativos para os demais interesses culturais do lazer desse evento temático poderiam ampliar ainda mais a base do programa, como grupo de filatelistas apresentando selos dessa modalidade esportiva, exposição de taças, troféus e fotos comemorativos, exibição de uniformes históricos, homenagens especiais aos grandes destaques do passado, edição de folhetos ou cartilhas específicas, noções de saúde aplicadas ao esporte e exibição de duas grandes equipes.

Como é possível perceber, a criatividade e a disponibilidade de recursos estabelecem os limites das possibilidades de fazer desse evento de impacto uma extraordinária possibilidade para manter acesa a motivação para dar sequência às ações do dia a dia.

Os eventos especiais têm características semelhantes às dos eventos de impacto, ressalvando-se sua periodicidade esporádica, de acordo com algum grande acontecimento. No exemplo do futebol, a celebração da Copa do Mundo como um evento cultural deve ser explorada em sua totalidade, dada a importância atribuída ao evento. Seu impacto na economia, as relações de poder, o papel dos meios de comunicação de massa, as exposições itinerantes, os concursos monográficos e artísticos, as produções fotográficas e de vídeo e a criação de músicas podem fazer parte da programação. Portanto, em torno desse grande acontecimento é possível desenvolver o ser humano que pensa e age de maneira crítica e criativa (Bramante, 1997).

Ao longo dos anos, com base no conceito de multissetorialidade, novas variáveis foram agregadas à gestão da programação de esporte e lazer, representadas por figuras geométricas nas quais cada lado focava uma dimensão. Por exemplo, na Figura 5.2, a "face 1" representa as faixas etárias (crianças, adolescentes, jovens adultos, adultos e idosos); a "face 2" representa os interesses culturais do lazer (físico-esportivos, manuais, intelectuais, sociais, artísticos e turísticos)[4]; a "face 3" representa as distintas periodicidades nas categorias apresentadas (permanente, de apoio, de impacto e especial); e a "face 4" mostra a natureza da experiência (artística, clínica, oficina, aula; atividade, clube; performance, apresentação).

Em 2018, propusemos um novo modelo inspirado nesses que foram apresentados, um pouco mais sofisticado, já incluindo 12 variáveis: o Modelo Multidimensional de Gestão de Experiências de Esporte e Lazer. Com o tempo, percebemos que a primeira proposta de modelo incluindo somente quatro dimensões de uma programação de esporte e lazer (periodicidade, porte do projeto, perfil dos recursos humanos e grau de dependência administrativa) poderia ser combinada com outras variáveis. A proposta mais recente resultou na adição de variáveis, surgindo o modelo Dodecágono do Lazer, que se trata de uma figura geométrica com 12 lados representando 11 variáveis a serem consideradas em uma proposta programática na gestão das experiências; propositalmente, deixamos uma dimensão em branco para futuras expansões. O conjunto de variáveis e respectivas subdivisões a serem colocadas na figura geométrica proposta se encontram no Quadro 5.1.

---

[4] Quando esse modelo foi desenvolvido, o conteúdo virtual do lazer, apresentado por Schwartz (2003) e hoje plenamente utilizado na literatura, não havia ainda sido proposto.

Quadro 5.1 Modelo multidimensional de gestão de esporte e lazer

	Variáveis	Subgrupos específicos					
I	Segmento etário	Criança (até 11)	Adolescente (12-18)	Jovem adulto (19-30)	Adulto (31-59)	Terceira Idade (60+)	
II	Gênero	Masculino	Feminino				
III	Natureza da atividade	Físico-esportivo	Artístico	Social	Intelectual	Manual	Virtuais
IV	Local	Específico	Não específico				
V	Organização	Programada	Espontânea	Mesclada			
VI	Liderança	Profissional	Voluntário	Profissional/ Voluntário	Voluntário/ Profissional		
VII	Base temporal	Dia de semana	Fim de semana	Feriados	Férias		
VIII	Periodicidade	Permanente (semanal)	Apoio (mensal)	Impacto (semestral/ anual)	Especial (esporádico)		
IX	Administração	Intrassetorial (dentro de um mesmo órgão)	Inter-setorial (dois ou mais setores do mesmo órgão)	Multissetorial (área fim + área meio)	Trans-setorial (combinação de duas ou + áreas fim/meio)		
X	Duração	Curta (até um dia)	Média (mais de um dia; até uma semana)	Longa (mais de uma semana)			
XI	Equipamento	Oficial	Adaptado	Mesclado			

Fonte: Bramante, 2017, p. 57.

Essa hipotética figura geométrica é como se fosse de "vidro", permitindo visualizar as possíveis interfaces das variáveis. A intenção é que esse modelo conceitual possa auxiliar o profissional de gestão de esporte e lazer a expandir a quantidade e a qualidade da oferta das diversas experiências possíveis, atendendo à demanda real, e possa gerar demanda potencial visando ampliar o repertório de esporte e lazer das pessoas.

Aplicação do modelo multidimensional de gestão de experiências de esporte e lazer

Nesta oficina temática, queremos explorar, na prática, como construir uma programação de esporte e lazer abrangente, de modo a contemplar o maior número de fatores que se encontram em cada uma das variáveis sugeridas. Portanto, a título de exemplo, consideremos o município em que você reside, levando em conta tanto as possibilidades quanto os entraves que você poderia encontrar, para experimentar construir esse tipo de proposta.

Pense em uma atividade para adolescentes (segmento etário), meninas (gênero), que explore um esporte (natureza da atividade) realizado em um equipamento não específico (local), que seja programada (organização) e desenvolvida, prioritariamente, por profissionais, mas que envolva voluntários (liderança). A atividade será desenvolvida nos fins de semana (base temporal) dentro de uma proposta de apoio (periodicidade) inter-setorial (administração) e de curta duração, utilizando-se, para isso, um equipamento oficial (equipamento).

A partir desse exercício transversal, é possível dimensionar a ampliação dos distintos fatores dentro de cada variável, sempre buscando atender tanto às expectativas de serviços expressas pelos usuários quanto àquelas que ainda não foram sentidas, mas que poderão enriquecer suas experiências lúdicas.

ⅲ *Síntese*

Neste capítulo demonstramos a importância da gestão dos programas de atividades e eventos, que deve garantir uma programação previamente pensada e elaborada. Um modelo de demanda e oferta de experiências de esporte e lazer pode fornecer elementos para se pensar essa programação, a qual pode ser elaborada seguindo o modelo de oferta e demanda.

Conforme esclarecemos, as ferramentas técnicas e operacionais indicadas no capítulo podem ser aperfeiçoadas, mas para isso é necessário que sejam utilizadas no campo da prática, a fim de que possam ser adequadas às realidades das cidades e das coletividades. Tema pouco trabalhado no Brasil, a avaliação das atividades com finalidades sociais deve ser objeto de ações tecnicamente ajustadas e bem fundamentadas. Trata-se de uma etapa fundamental para a melhoria dos resultados e do próprio processo de programação.

Para finalizar o capítulo, apresentamos como oficina temática uma proposta de programa de atividades e de eventos para determinado espaço de esporte e lazer existente em sua cidade, estruturada sobre um modelo tridimensional e um modelo multidimensional de gestão de espaços de esporte e lazer.

ⅲ *Indicações culturais*

Se tiver a oportunidade, visite as cidades dos festivais indicados a seguir. Caso contrário, faça uma boa e atenta visita virtual. Observe como os dois eventos ocupam e se apropriam dos espaços urbanos e dos equipamentos das respectivas cidades, como está estruturada a programação dos eventos, como estão diversificadas suas atividades, como são bem empregadas as ferramentas de comunicação e *marketing* e que experiências oferecem para o público frequentador.

FESTIVAL DE DANÇA DE JOINVILLE. Disponível em: <http://festivalde dancadejoinville.com.br>. Acesso em: 17 dez. 2019.

Um dos festivais mais antigos do Brasil, trata-se de uma grande e importante atração da cidade.

FESTIVAL DE TEATRO DE CURITIBA. Disponível em: <https://festival decuritiba.com.br>. Acesso em: 17 dez. 2019.

Com sua primeira edição registrada em 1992, o Festival de Teatro de Curitiba atualmente é um grande evento, que conta com uma programação muito bem elaborada e extensa, compondo uma das principais atrações da cidade.

Atividades de autoavaliação

1. As experiências lúdicas podem ser vividas em espaços e equipamentos de esporte e lazer, subdivididos em específicos e não específicos. Tendo isso em vista, assinale V para as sentenças verdadeiras e F para as falsas:

    ( ) Específicos: organizações sociais que foram especialmente concebidas para atender à demanda de esporte e lazer; não específicos: organizações que o fazem indiretamente.
    ( ) Não há distinção entre as organizações específicas e as não específicas quanto à demanda de esporte e lazer.
    ( ) Específicos: organizações sociais que foram concebidas para atender a uma modalidade esportiva específica; não específicos: organizações que atendem diversas modalidades esportivas.
    ( ) Específicos: organizações de caráter privado; não específicos: organizações públicas.

    Agora, assinale a alternativa que apresenta a sequência correta:

    a) V – F – V – V.
    b) V – V – F – V.
    c) V – F – F – F.

d) V – V – F – F.
e) V – V – V – F.

2. As práticas do esporte e do lazer se dividem em dois tipos de atividades: experiências espontâneas, que são auto-orientadas e autogeridas; e atividades e experiências organizadas por um processo de programação. Com base nessa afirmação, analise as sentenças a seguir e assinale a alternativa correta:

   a) Desenvolver ou conhecer metodologias de elaboração de processos de programação é importante para o gestor do espaço de esporte e lazer.
   b) O gestor não precisa coordenar a elaboração de nenhum processo desse tipo, basta que delegue a tarefa a um membro da equipe.
   c) Para que elaborar previamente uma programação para o espaço? Basta definir a cada dia o que será oferecido para os frequentadores.
   d) O gestor deve deixar o espaço livre e disponível para que os frequentadores façam o que preferirem.
   e) Muitas vezes, o planejamento não apresenta os resultados desejados, então a necessidade dessa etapa no processo de gestão é questionável.

3. Sancho (1997) afirma que devem ser definidas claramente as funções, as responsabilidades e as atribuições de toda a equipe, que deve ter ideias claras e objetivas do que fará e de como fará. O processo moderno implica que todos devem atuar em conjunto, formando grupos de trabalho para cada operação. Considerando essa afirmação, analise as sentenças a seguir a assinale a alternativa correta:

   a) Em uma organização, deve-se deixar a equipe totalmente à vontade para que cada um escolha o que fazer.
   b) O trabalho em conjunto é dispensável e pouco produtivo.
   c) O processo proposto pelo autor é muito burocrático.

d) Uma equipe multidisciplinar de recursos humanos, que atue em conjunto bem harmonizado com as funções e as atribuições definidas, garante bom desempenho e bons resultados na gestão do espaço de esporte e lazer.

e) Cada indivíduo tem uma maneira muito específica de compreender as coisas. Dentro de um processo de gestão humanizada, é necessário respeitar essa característica, não interferindo no modo como os colaboradores compreendem sua função e os objetivos de sua tarefa para a empresa.

4. Os inventários de esporte e lazer podem ser aplicados desde o preenchimento daquilo de que mais gostam em uma lista de opções até ferramentas mais sofisticadas que permitam combinar a análise de variáveis demográficas e psicográficas. Assinale a alternativa que corresponde à primeira categoria:

   a) Combinar, por exemplo, faixa etária e gênero, nível de escolaridade e faixa de renda, entre outros.
   b) Introduzir mensurações dos níveis de satisfação a determinados estágios da experiência, razões da adesão a certas experiências em períodos do dia, mês ou ano.
   c) Estatísticas de frequência sobre a participação das pessoas nos programas esportivos.
   d) Dados elaborados com base em metodologias quantitativas.
   e) Questionários de caráter exploratório para levantamento de dados sobre o comportamento do consumidor.

5. O modelo PAIE de organização foi proposto considerando-se o programa Esporte para Todos. Tendo em vista essa afirmação, assinale V para as atribuições verdadeiras e F para as falsas:

   ( ) Periodicidade da ação
   ( ) Porte do projeto e abrangência de interesses culturais do lazer
   ( ) Utilização de recursos humanos especializados

( ) Grau de dependência administrativa
( ) Políticas públicas elaboradas para o esporte

Agora, assinale a alternativa que apresenta a sequência correta:

a) V – V – F – V – V.
b) V – V – V – F – V.
c) V – F – F – V – F.
d) V – F – V – F – F.
e) V – V – V – V – F.

Atividades de aprendizagem

Questões para reflexão

1. É necessário e importante elaborar previamente a programação das atividades, das experiências e dos eventos do espaço de esporte e lazer? Justifique sua resposta.

2. Por que é importante avaliar permanentemente os programas de esporte e lazer?

Atividade aplicada: prática

1. Visite um espaço de esporte e lazer e elabore uma avaliação sobre os aspectos qualitativos de suas instalações. Em seguida, pergunte para dez frequentadores, escolhidos aleatoriamente, como eles consideram esses mesmos aspectos qualitativos. Registre as respostas e compare os resultados.

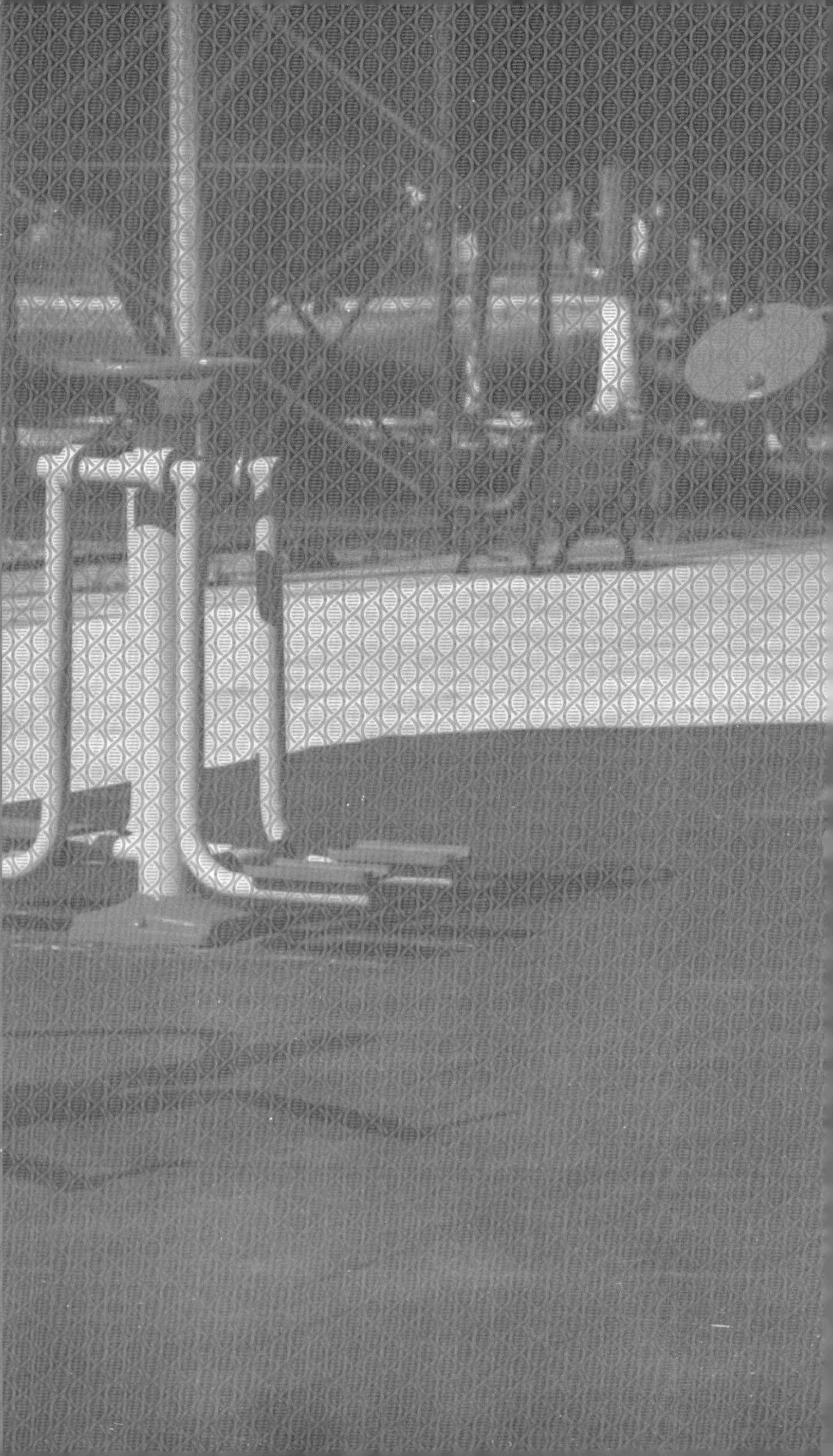

Capítulo 6

Análise da viabilidade e gestão da comunicação em espaços e equipamentos de esporte e lazer

Neste capítulo, analisaremos os fatores de viabilidade dos espaços de esporte e lazer para abordar a gestão da comunicação, fator frequentemente negligenciado em seus sistemas operacionais e de funcionamento.

Primeiramente, apresentaremos alguns elementos essenciais para a viabilidade desses espaços. Na sequência, examinaremos a questão do bom relacionamento comunitário com os agentes sociais e a população de seu entorno, indicaremos ferramentas de comunicação e de *marketing* e, por fim, discorreremos sobre as tendências presentes e futuras para sua gestão.

6.1 Elementos essenciais para formulação e implementação de fatores de viabilidade de instalações de esporte e lazer

Luiz Wilson Alves Corrêa Pina

Quando se propõe a construção e implementação de um espaço de esporte e lazer, uma das questões primordiais a serem consideradas é sua viabilidade. Não é suficiente construir; é necessário assegurar que o novo espaço seja viável conforme um conjunto de critérios que garantem a prestação de serviços para a população de uma cidade, de uma região, de um bairro ou de uma comunidade.

6.1.1 Estudos de viabilidade

São recorrentes as referências à viabilidade econômico-financeira de empreendimentos, sobretudo na área empresarial. No presente, e sobretudo para o futuro, essa abordagem se revela limitada e parcial: a viabilidade não é somente um fator importante no setor de negócios, visto que é fundamental no segmento público e nas organizações sem fins lucrativos. O que difere é a origem dos recursos: no setor empresarial, são obtidos pela comercialização de bens e de serviços; no terceiro setor, pelos processos de captação de fundos concedidos ou patrocinados pela coletividade e pelos agentes sociais; no setor público, como todos sabem, são oriundos de impostos, taxas e contribuições recolhidos nessa mesma sociedade.

O conceito de viabilidade não se reporta somente à questão econômica. Em sua expressão mais simples e direta, viável é aquilo "que pode ter bom resultado; exequível, realizável. Possível de bom êxito" (Michaelis 2000, 2000, p. 2.198). Podemos relacionar pelo menos seis tipos de viabilidade, todas igualmente importantes, que devem ser consideradas e trabalhadas em conjunto:

1. **Econômico-financeira**: define se os recursos financeiros disponíveis serão suficientes para projeto e construção e, posteriormente, para operação e manutenção. No Brasil, observamos que em muitas ocasiões é equacionado capital suficiente para a construção, mas são esquecidos os fundos financeiros necessários para o funcionamento ano a ano; sem atender a esses critérios, os espaços de esporte e lazer não são viáveis, tendo em vista esse aspecto específico.

2. **Política**: indica se a implantação e o funcionamento dos espaços de esporte e lazer têm condições de serem aprovados pelos poderes públicos no projeto, na construção e no funcionamento. No caso de espaços mantidos pelo setor público, avalia-se se as lideranças políticas aprovam as decisões concernentes à sua implantação e, mais importante, se preveem os valores necessários para seu funcionamento permanente, pelos anos e décadas desde sua inauguração.

3. **Cultural**: define se a comunidade ou a cidade conta com profissionais e produção de experiências e eventos a serem incluídos na programação dos espaços; ou, alternativamente, se a população tem interesses e motivações para frequentá-los e para participar das atividades e das experiências propostas.

4. **Social**: investiga se a população considera realmente necessário o espaço de esporte e lazer ou se o considera importante para a cidade ou comunidade. Deve-se identificar, ainda na fase de planejamento, se o público potencial visado valorizará os espaços e as experiências nele desenvolvidas ou se considerará o local, pelo ruído e pelo movimento que produz, como um incômodo para o bairro ou a região. Em algumas situações, os espaços são construídos em locais onde já funcionavam outros serviços, e os moradores podem não apreciar a troca ou os espaços podem provocar mudanças no relacionamento dos residentes, gerando descontentamentos. Como os espaços de esporte e lazer têm dimensões significativas, ocupam terrenos grandes e atraem necessariamente pessoas e movimentos de veículos, eles podem ser encarados como incômodos e como redutores da qualidade de vida do bairro ou da região urbana.

5. **Ambiental**: todo tipo de intervenção no território provoca impactos, e com os espaços de esporte e lazer não é diferente, pois eles consomem energia, água potável, geram trânsito, são ruidosos, impermeabilizam parte do solo com construções e modificam a paisagem urbana. A viabilidade ambiental pode ser auferida por um balanço entre melhorias urbanas e locais e os impactos gerados, com medidas de mitigação para compensar as diferenças. Deve-se lembrar que somente a construção do espaço não representa todos os impactos e o funcionamento do local tem o mesmo efeito; portanto, as medidas mitigadoras ou compensatórias devem ser igualmente permanentes. Por exemplo, pode-se implementar iniciativas como o "carbono *free*", que compensa o carbono produzido por atividades ou eventos com intervenções ambientalmente benéficas em outros locais da cidade.

6. **Técnica**: verifica se os arranjos produtivos locais têm condições de fornecer equipamentos, insumos, materiais e soluções técnicas para os espaços de esporte e lazer. Não adianta, por exemplo, prever o emprego de arquibancadas retráteis no ginásio coberto se não existirem empresas que montem esse tipo de equipamento, bem como não adianta adotar sistemas digitais muito sofisticados se não for possível dispor de um suporte técnico correspondente e competente.

O estudo de viabilidade se conecta com o processo de planejamento e de programação, formando um composto processual para o gestor dos espaços de esporte e lazer e constituindo um campo do conhecimento com potencial de desenvolvimento no Brasil, para o qual esta obra pretende contribuir.

6.1.2 Fatores de viabilidade

Os fatores de **viabilidade econômico-financeira** podem ser relacionados da seguinte forma:

> *O custo do processo de planejamento: formação do grupo de trabalho; horas de trabalho necessárias; custo de contratação de assessores, consultores e especialistas; custo de viagens, deslocamento e refeições dos membros do grupo; despesas com as pessoas convidadas – membros da comunidade, profissionais colaboradores sem remuneração direta –, igualmente de transporte e de refeições; custos administrativos em geral do trabalho.*
>
> *O custo dos projetos arquitetônicos e complementares: custo do contrato do arquiteto ou do escritório de arquitetura; dos profissionais e dos escritórios especializados que deverão elaborar os projetos complementares; de viagens, deslocamentos e refeições dos arquitetos e dos demais profissionais; custo dos consultores especializados que forem necessários para o desenvolvimento dos projetos (por exemplo, o engenheiro ambiental contratado para assessorar o projeto de reutilização de água).* (Pina, 2016, p. 142-143, grifo do original)

Um dos determinantes diretos do custo de construção e, posteriormente, de operação dos espaços de esporte e lazer é seu porte físico associado à sua composição. Uma piscina aquecida tem um custo de construção e de operação superior ao de uma piscina sem aquecimento. Um ginásio com grande capacidade de público tem um custo elevado de construção. Além disso, deve-se estudar e estimar outros custos, como resistência, durabilidade e possibilidades de troca e de substituição das soluções arquitetônicas propostas, dos materiais de acabamento, de revestimento de pisos e de paredes, do mobiliário, dos equipamentos, dos sistemas de energia, de fornecimento de água e de saneamento ambiental; da destinação e da reciclagem dos resíduos sólidos e líquidos e assim por diante.

Por último, mas não menos importante, deve-se estudar e estimar o custo operacional da programação de atividades, de experiências e de eventos e dos recursos humanos necessários para a gestão e o funcionamento dos espaços.

No que se refere à **viabilidade política**, é sempre recomendável verificar e identificar se as lideranças locais concordam com o empreendimento, se estão dispostas a colaborar ou se têm outros interesses paralelos que podem prejudicar a realização das experiências e dos eventos. Por isso, deve-se confirmar a existência de pressões ou de movimentos políticos relativos à área onde será implantado o espaço (visando outras destinações); avaliar os interesses sobre as possíveis políticas sociais a serem implantadas, que podem concorrer na destinação de recursos com o esporte e o lazer; e examinar o funcionamento dos órgãos públicos das áreas concernentes ao esporte e ao lazer e das áreas correlatas, como turismo, cultura e educação.

No caso da **viabilidade cultural**, deve-se pesquisar e identificar as manifestações culturais locais (da cidade) e regionais (da região e do estado), verificando quais são os grupos organizados, os promotores de atividades e de eventos, a qualidade das apresentações, a disponibilidade de coletivos, produtores e artistas em geral para se apresentarem, seu envolvimento e sua participação e o custo de sua contratação, a fim de possibilitar o oferecimento de experiências e eventos para os frequentadores dos espaços de esporte e lazer.

Na esfera da **viabilidade social**, busca-se pesquisar e verificar quais são os interesses e as motivações da população local relativas ao esporte e ao lazer, como são seus comportamentos e suas atitudes na frequência aos espaços dessas modalidades, quais são suas exigências e suas solicitações e como se relacionam com as organizações públicas, privadas e do terceiro setor que oferecem serviços nessas áreas.

No que diz respeito à **viabilidade ambiental**, deve-se considerar que em hipótese alguma os espaços de esporte e lazer podem se caracterizar como poluidores e prejudiciais aos ambientes urbano, geográfico, social e natural. Por isso, devem adotar sistemas de recolhimento e de tratamento de resíduos, de reutilização da água da chuva, de adoção de energia solar para aquecimento de água e para geração de energia elétrica (nesse caso, complementar ao sistema convencional da cidade). Também é importante "Verificar previamente a necessidade de **medidas mitigadoras** do impacto do empreendimento sobre a região onde será implantado, e calcular igualmente o custo necessário para seu projeto e sua execução" (Pina, 2016, p. 144, grifo do original).

É imprescindível estimar o custo necessário para elaborar o Estudo de Impacto Ambiental e Relatório de Impacto Ambiental (EIA-RIMA), que deve ser realizado por profissionais ou empresas especializadas e que pode inviabilizar o novo empreendimento, seja pelo não cumprimento das normas ambientais, seja pelo incremento dos custos devido às compensações e às mitigações dos impactos provocados pelas obras e pelas intervenções no terreno.

É importante, também, estimar o custo das inciativas sustentáveis tanto para investimento quanto para manutenção ou operação. Muitas dessas iniciativas podem ser inevitáveis, por constarem da legislação ambiental brasileira, extensa e detalhada, ou por pressão da opinião e da mídia. Em contrapartida, podem ser consideradas como instrumentos de *marketing* e de melhoria do relacionamento da organização responsável pelos espaços de esporte e lazer com a coletividade:

> Estudar e estimar o custo de investimento e de **operação das soluções informatizadas** mais modernas, como [...] aquelas do "prédio inteligente", com dispositivos que graduam iluminação, abertura de janelas e portas, funcionamento de elevadores e escadas rolantes, etc., visando economizar insumos básicos como energia, água e telefonia. (Pina, 2016, p. 143, grifo do original)

Os espaços de esporte e lazer devem, na medida do possível, adotar métodos e processos de redução da sua pegada ecológica (isto é, o grau de consumo dos recursos ambientais, como água potável e energia). Como sugestão prática, o gestor pode recorrer aos serviços de organizações especializadas, sobretudo do terceiro setor, que por não terem finalidades lucrativas cobram valores mais reduzidos.

Por último, a **viabilidade técnica** permite verificar a adequação das soluções técnicas, arquitetônicas, construtivas e operacionais agregadas na fase de planejamento e projeto com a capacidade dos sistemas produtivos de fornecê-las com um conveniente custo-benefício. Nessa perspectiva, também é importante analisar previamente a condição das empresas e dos fornecedores para disponibilizar assistência técnica necessária e de qualidade quando do funcionamento dos espaços.

Analisar, estudar, prever e equacionar a viabilidade dos espaços de esporte e lazer é um processo detalhado e complexo que deve ser elaborado por uma equipe multidisciplinar formada por pessoas com conhecimento, qualificação e experiência. O próprio processo estará inevitavelmente incluído nos estudos de viabilidade econômico-financeira em virtude de seu evidente custo. Podemos afirmar, então, que não existe ainda uma tradição consolidada no Brasil para tais estudos e processos, mas as tendências prospectivas indicam sua necessidade para o futuro; não é mais suficiente apresentar uma oferta de serviços e de experiências para angariar público e ter um bom desempenho operacional em qualquer tipo de organização.

6.2 Relacionamento comunitário e integração social para implementação de plano estratégico de comunicação em esporte e lazer

Marcos Ruiz da Silva

Conhecer e analisar os elementos essenciais para a formulação de um plano estratégico de comunicação de esporte e lazer em uma comunidade contribui para que o gestor evite um dos maiores problemas corporativos: **falhas na comunicação**. Lembremo-nos da conhecida brincadeira do telefone sem fio, na qual os participantes se colocam em fileira, um ao lado do outro; o primeiro participante passa uma mensagem no ouvido do segundo de tal maneira que somente os dois ouçam, e isso se repete até chegar à última pessoa. O objetivo dessa atividade é fazer com que a mensagem chegue corretamente a seu destino; no entanto, quando a última pessoa repete a mensagem em voz alta, geralmente nos deparamos com outras construções, muitas vezes bem distintas daquela que foi entregue pelo primeiro participante. E essa situação não é, infelizmente, prerrogativa de uma brincadeira – a comunicação que transita entre diferentes departamentos pode ser um fator crítico nas empresas.

No século XXI, a organização das informações é algo de primeira ordem para qualquer instituição, e a comunicação ocupa uma posição estratégica nas empresas. A falha na comunicação, interna ou externa, provoca perdas financeiras, sociais e morais significativas em toda a rede de negócios, colocando em risco bens materiais e imateriais e também o bem-estar do cliente e do usuário.

6.2.1 Novos contextos da comunicação

O modo como as pessoas se comunicam tem sofrido alterações consideráveis com as novas mídias digitais. O grande volume de informações disponível e a interatividade têm provocado impactos na vida das pessoas, seja na maneira como fazem suas compras, seja no modo como elas se relacionam. Comunicar-se bem em uma empresa traduz a cultura organizacional de uma instituição, assim como conhecer os valores e as relações interpessoais pode dizer muito sobre como a empresa constrói sua comunicação com clientes internos ou externos.

É comum que as grandes corporações tenham um departamento para gerenciar a política de comunicação e avaliar a eficiência da comunicação empresarial, o qual desenvolve ações que contribuem para que ela flua positivamente em todas as relações do negócio. O processo de comunicação que ocorre no contexto de uma empresa, pública ou privada, é construído com base no conhecimento dos diferentes sujeitos que compõem o cenário e também no planejamento de estratégia de comunicação, no âmbito interno e externo, com o uso de mídias para sua implementação.

De acordo com Kunsch (2009), a comunicação pode ser classificada em:

- comunicação institucional: tem como objetivo construir uma imagem positiva da empresa;
- comunicação mercadológica: tem como princípio melhorar a imagem dos produtos ou serviços da empresa;
- comunicação administrativa: tem como objetivo transmitir para os demais setores dados produzidos pela administração;
- comunicação interna: busca construir um ambiente corporativo que contribua para o desenvolvimento correto das tarefas.

O ambiente corporativo é um espaço de convivência no qual são construídas muitas relações de amizade e vínculos afetivos entre os diferentes indivíduos. Em razão disso, há a circulação de uma comunicação informal, na qual os colaboradores obtêm informações sobre várias questões que envolvem a empresa. Caso a companhia não conte com um bom plano de comunicação, esta pode se transformar em boatos, fofocas ou especulações.

Dentro de uma organização, a comunicação, independentemente de sua dimensão e de seu objetivo, está atrelada a um plano de gestão. Assim, o gestor deve definir técnicas e ferramentas de comunicação como intranet, quadro de avisos, correio eletrônico, atas de reunião, boletins semanais, mídias sociais, grupos em aplicativos mensageiros e eventos. Para cada mídia há uma linguagem própria com objetivos definidos.

A mídia utilizada por uma organização poder ser diversificada; contudo, ainda assim existem outros fatores que precisam ser considerados, como aspectos relacionais, contexto, condicionamentos internos e externos e toda a complexidade que faz parte do processo comunicativo. Isso porque os efeitos comunicativos desejados estão condicionados a aspectos interpretativos e comportamentais (Kunsch, 2006). Nesse sentido, é pertinente considerarmos que os processos de comunicação sofrem distorções com as barreiras que surgem entre os emissores e os receptores, conforme demonstra Chiavenato (2004, p. 315):

- **Barreiras pessoais**: as interferências decorrentes das limitações, emoções, valores de cada pessoa e cultura. No ambiente de trabalho as mais comuns são a deficiência para ouvir, as percepções, as emoções e os sentimentos pessoais.
- **Barreiras físicas**: são as interferências presentes no ambiente onde ocorre o processo de comunicação, ruídos de portas que, no decorrer de uma aula ou palestra, se abrem, a distância física, um canal congestionado etc.;
- **Barreiras semânticas**: são as limitações decorrentes dos símbolos, por meio dos quais a comunicação é feita. Estas barreiras podem ser verificadas não só por palavras, mas também por gestos, sinais etc., os quais podem ter diferentes sentidos para as pessoas envolvidas no processo.

Quando a comunicação sofre qualquer influência dessas barreiras, a mensagem não chega ao receptor, como a situação do telefone sem fio comentada anteriormente. Para pensar uma comunicação eficiente, torna-se necessário identificar as barreiras e elaborar estratégias de comunicação para rompê-las ou, pelo menos, minimizá-las. Schermerhorn Jr. (1999) apresenta as seguintes sugestões:

- Organize a mensagem a ser comunicada dentro de um tempo adequado para que a informação possa ser transmitida apropriadamente e para que o receptor tenha tempo de dar um *feedback*.
- A informação precisa ser objetiva sem perder a essência da informação.
- Escolha um local compatível com a informação a ser transmitida.
- Sintonize a linguagem com o receptor, considerando as diferenças de compreensão.

Essas sugestões contribuem para reduzir as distorções que podem ocorrer dentro de um processo de interação entre duas ou mais pessoas. Contudo, é importante destacar a necessidade de se criar formas de monitorar a comunicação nas empresas.

6.2.2 Gestão colaborativa e participativa da comunicação

Um desafio para o gestor de espaços e de equipamentos de esporte e lazer, independentemente da natureza da organização (pública ou privada), é estabelecer um relacionamento colaborativo e participativo com os clientes ou usuários. No entanto, a gestão orientada para a participação da comunidade carece da implementação de um plano estratégico que garanta a atuação no processo decisório da instituição. Isso, por sua vez, exige adequações estruturais na relação entre emissor e receptor dentro de um processo comunicativo, visto que, nessa perspectiva, há alteração na maneira como as relações entre os diferentes sujeitos são estabelecidas. Assim, a operacionalização de programas e de intervenções de animação implantados nesses ambientes contará com a análise, a elaboração de propostas, o acompanhamento e a avaliação por parte dos clientes e dos usuários.

O modelo de gestão participativa cria possibilidades de ampliar, qualitativa e quantitativamente, as discussões; de fomentar melhorias significativas na organização; e de contribuir para o exercício da cidadania dos sujeitos, por seu protagonismo no processo (Lopes; Isayama, 2014). Contudo, é necessário estabelecer estratégias para uma nova cultura comunicacional. Para isso, cabe refletirmos sob o ponto de vista de uma comunicação participativa, conforme sugere Beltrán (1981, citado por Dornelles, 2007, p. 3):

> *Comunicação é o processo de interação social democrático baseado no intercâmbio de símbolos mediante os quais os seres humanos*

compartilham voluntariamente suas experiências sob condições de acesso livre e igualitário, diálogo e participação. Todos têm direito à comunicação com o propósito de satisfazer suas necessidades de comunicação por meio da utilização dos recursos de comunicação.

Por isso é importante criar uma comissão com caráter consultivo, composta pela representatividade de todos os grupos sociais que frequentam ou utilizam seus serviços, a partir de normativas que orientem e descrevam a abrangência e os limites. Nessa direção, para tornar o processo de comunicação mais horizontal, Beltrán (1981, citado por Dornelles, 2007, p. 4) apresenta o que ele chama de pilares: "exercício efetivo do direito de receber mensagens; exercício efetivo do direito de transmitir mensagens e o exercício do direito de tomar parte no processo de produção e transmissão das mensagens".

Observemos que o gestor ou futuro gestor de um ambiente esportivo ou de lazer pode se fazer a seguinte pergunta: "Por que pensar na comunicação e na gestão participativa se meu ambiente de trabalho é uma empresa privada que trata de esporte de alto rendimento?". Ou ainda: "Sou empresário de uma academia de musculação e não vejo como inserir meus clientes no processo decisório, oferecendo uma comunicação mais horizontal que poderá ajudar em meu negócio". Para responder a essas questões, podemos pensar em algumas direções. A seguir apresentaremos duas que poderão ampliar a visão da gestão sobre o assunto.

Primeiramente, não é incomum que grandes empresas, até mesmo multinacionais, utilizem estratégias para coletar informações sobre o que seu público consumidor pensa a seu respeito e de seus produtos ou serviços. Em segundo lugar, mesmo que o esporte ou o lazer sejam conduzidos à categoria de produto pelo empresário, há alguns elementos que os diferenciam de outros, como ir ao dentista ou ao cabeleireiro, comprar um sapato ou uma camisa, entre outros serviços ou produtos. O contexto das experiências do esporte e do lazer envolve uma dimensão muito íntima, e o emprego da energia de uma criança, de um jovem, de um adulto ou de um idoso na esfera das expectativas no lazer transita por seu estilo de vida, seu bem-estar físico e emocional e também transcende a esperança de conquistar, mesmo que por alguns momentos, a felicidade.

6.3 Ferramentas de *marketing* para potencializar o uso das instalações de esporte e lazer

Marcos Ruiz da Silva

Conhecer e analisar as ferramentas de *marketing* para a gestão dos espaços de esporte e lazer ajuda o gestor a compreender seus princípios e descobrir como pensar estratégias de *marketing* para criar valor aos clientes e aos usuários e alcançar os objetivos da organização. Vale um alerta: *marketing* não se restringe a um setor de captação de recursos financeiros para a empresa ou para algum departamento de esporte ou de lazer; pensar dessa maneira é restringir de modo expressivo o potencial aliado que o gestor tem para gerenciar e pensar estrategicamente sua entidade – a gestão fundamentada no uso de ferramentas de *marketing* sugere pensar de maneira estrutural.

A associação mais comum feita com a ideia de *marketing* é a de vender algum produto ou serviço ou ainda buscar patrocínio para uma equipe, um evento ou outra necessidade da instituição. Muito embora isso possa estar intimamente ligado com alguma campanha publicitária, resultante de um plano de *marketing*, os conhecimentos dessa área são fruto de diversos estudos na área da sociologia, da antropologia, da psicologia, da administração e da matemática. Entre seus princípios estão (1) o conhecimento do comportamento das pessoas para criar estratégias e, consequentemente, satisfazer seus desejos e (2) as necessidades de cada um (Shimoyama; Zela, 2002).

Nessa perspectiva, o *marketing* pode ser considerado uma ferramenta essencial para diversos negócios, até mesmo na área do esporte e do lazer. De modo geral, as ações de um planejamento de *marketing* passam estrategicamente por todos os setores de uma empresa.

Importante!

O *marketing* trabalha com informação, com dados. Por isso, para elaborar um planejamento estratégico de *marketing*, é necessário realizar um diagnóstico da realidade com pontos fortes, pontos fracos, oportunidades e desafios da empresa ou mesmo de determinado serviço da instituição. Além disso, deve-se considerar a existência de variáveis relacionadas ao negócio, as quais podem ser controladas.

Entre as variáveis que interferem em um plano de *marketing*, Kotler (2000) destaca como as principais a serem consideradas as seguintes: econômicas, culturais, tecnológicas e político-legais.

As variáveis econômicas dizem respeito às variações econômicas que podem afetar o mercado; as demográficas se referem à quantidade de pessoas distribuídas por idade, gênero, etnia, nível educacional, taxa de crescimento etc.; as culturais tratam das informações que permitem conhecer o comportamento e os hábitos das pessoas; as tecnológicas dizem respeito às mudanças e ao acesso a tecnologias; por fim, as político-legais se referem às alterações na legislação (Kotler, 2000).

Outro detalhe é que para operar com *marketing* é necessário saber que há um conjunto de ferramentas que compõem o *mix de marketing*: os chamados 4 Ps do *marketing* (produto, preço, praça e promoção). Apesar de outros autores apresentarem diferentes compostos, a combinação dessas variáveis é utilizada pelas empresas para conquistar os objetivos no mercado desejado.

Quadro 6.1 Os 4 Ps do *marketing*

Ferramenta	Característica
Produto	O que a empresa oferece ao cliente ou usuário conforme a existência de uma demanda. Esse produto pode ser algo tangível ou intangível, como no caso dos serviços.
Praça	Ponto de distribuição em que o produto ou o serviço é ofertado ao cliente ou usuário, no local em que ele possa adquiri-lo no momento que desejar.
Preço	Como é estabelecido o valor do produto ou serviço, que pode ser variável ou fixo. O preço deve ser atrativo ao cliente, ou seja, não pode ser muito elevado, de modo que o cliente considere que não vale a pena comprá-lo; nem tão baixo, de modo que o leve a pensar que há algo de errado com o produto (possível recusa do produto).
Promoção	Composto promocional é a forma como o produto ou o serviço é ofertado ao cliente ou usuário. Trata-se das estratégias de divulgação utilizadas para que eles saibam o que e como adquirir.

Para que você absorva melhor os 4 Ps do *marketing*, indicamos na Figura 6.1 as variáveis específicas de cada P.

Figura 6.1 Variáveis específicas de cada P do *marketing*

Produto (tangível ou intangível)	Preço	Promoção	Praça
- Variedade - Qualidade - *Design* - Embalagem - Tamanho - Serviço (agregados ao produto físico) - Garantias - Marca	- Preço - Desconto - Concessões - Prazo para pagamento - Condições de financiamento	- Publicidade - *Marketing* Direto - Eventos	- Locais de venda - Logística - Entrega - Estoque

Para a elaboração de um plano de *marketing* focado nos objetivos a serem alcançados, especificamente na área do esporte e do lazer, é necessário compreender que no cenário desses espaços e equipamentos há dimensões polarizadas quando se trata especificamente do esporte. Existem clubes esportivos dedicados ao esporte profissional, como no caso do futebol, e aqueles que estão circunscritos no universo do esporte de lazer, como clubes sociorrecreativos ou sociodesportivos.

De maneira mais concreta, os 4 Ps podem ser projetados para o cenário do esporte e do lazer da seguinte forma: produto pode ser um ambiente aconchegante ou limpo; preço pode ser pagamento parcelado ou aceite de cartões; praça pode ser horário expandido, das 7 às 21 horas; e promoção pode ser assiduidade em aulas que garante brindes ao fim do mês.

De cada lado há a presença de personagens específicos na configuração dos *stakeholders* (conjunto de pessoas ou grupos que têm interesse no negócio). Assim, em um clube de futebol profissional há investidores, patrocinadores, torcidas organizadas, mídia televisiva, torcedores e outros. No clube social, há associados, fornecedores, diretores etc. Apesar de ser muito próxima a semelhança entre os dois, a maneira como cada um trata a natureza da modalidade esportiva que desenvolve é muito distinta. Para o primeiro, o esporte está na esfera do negócio, então suas ações estão mais voltadas ao mercado; no segundo, o esporte está na dimensão do lazer, ou seja, ele é contabilizado mais como lucro social.

Melo Neto (2013, p. 48) apresenta duas situações bem distintas referentes à utilização de ferramentas de *marketing* na gestão de espaços e de equipamentos de esporte:

> Para as entidades esportivas, a principal função do marketing esportivo é gerar receitas, que podem ser divididas em receitas de marketing (vendas de produtos, ingressos, direitos, propriedades, conteúdo, publicações e títulos de sócios) e operacionais (cobrança de taxas de filiação, de inscrição em eventos, de concessão de laudos e taxas de vistoria).

Nessa direção, é recomendável considerarmos que as ferramentas de *marketing*, quando utilizadas estrategicamente na gestão dos espaços e dos equipamentos de esporte, contribui para a captação de receitas, bem como para o andamento administrativo desses espaços. Apesar da indicação do autor para o ambiente esportivo, sua relação com os espaços de lazer também atende às mesmas oportunidades. Entretanto, independentemente das esferas em que está localizado o equipamento de lazer, é necessária a definição de um modelo de gestão de *marketing* adequado às necessidades de cada instituição (pública, privada ou do terceiro setor) – cada uma precisa situar o posicionamento que deseja ocupar na mente de seu público consumidor.

Uma primeira sugestão de Lima et al. (2016) para uma gestão voltada para o planejamento estratégico de *marketing* trata da necessidade de o gestor fazer uma análise das ações e do posicionamento dos demais representantes do mesmo segmento. Essa análise tem como objetivo o melhor entendimento do mercado, permitindo ao executivo dimensionar a distância que existe entre ele e a empresa que ele gerencia. Isso ajuda no processo de gestão dos espaços à medida que o gestor for capaz de interpretar outras variáveis, como identificar os eventos mais significativos realizados na instituição para seu público; reconhecer as atividades em que seus usuários despendem mais energia, dinheiro e tempo; e descobrir qual imagem o cliente ou usuário têm em relação à instituição, aos serviços prestados e aos equipamentos utilizados, sobre a diretoria e os colaboradores e também sobre os demais frequentadores do local.

É relevante considerar, também, que dentro de um plano de *marketing* há gestão de diferentes estratégias que precisam, além dos dados técnicos, da sensibilidade do gestor para identificar como a estrutura está lidando com os processos e os procedimentos estabelecidos, monitorando:

- como estão sendo utilizadas as ferramentas de comunicação da instituição, como produção do texto (ética e estética da escrita), *design*, quantidade de comunicados (muita comunicação pode levar à saturação), periodicidade, antecedência com que são enviados os comunicados, alcance e maneira como estão sendo utilizada as ferramentas de mídia disponíveis;
- como são realizadas as ações de promoção, com oferta de brindes, descontos, programas de fidelização etc.; e de que maneira essas estratégias contribuem para fidelizar os clientes ou usuários e não levá-los a depreciar os produtos ou serviços.

Um exemplo interessante na gestão de equipamentos esportivos pode ser atribuído a alguns clubes de futebol, como o Sport Club Corinthians Paulista, que tem percebido o impacto de mudanças positivas em virtude de ações de *marketing*, as quais são responsáveis pelo equilíbrio econômico, com geração de lucros, crescimento e valorização da marca. Programas como o Fiel Torcedor garantiram a fidelização de associados, bem como o crescimento na média de público nos estádios.

No cenário apresentado, o gestor pode encontrar maneiras criativas de fidelizar clientes, aumentar a participação dos usuários nos serviços prestados, eliminar serviços que despendem energia para investir em áreas estratégicas, melhorar a comunicação com público etc. Entretanto, é primordial que isso esteja dentro de um plano de trabalho adequado e de uso eficaz das ferramentas que o *marketing* proporciona.

6.4 Tendências atuais e futuras para a gestão de espaços e de equipamentos de esporte e lazer

Luiz Wilson Alves Corrêa Pina

Os espaços de esporte e lazer são projetados e construídos para funcionarem por muitas décadas. Por isso, eles exigem altos recursos financeiros para sua implantação e ocupam terrenos urbanos que, muitas vezes, são disputados para várias finalidades (escolas e hospitais, por exemplo).

Sugerimos que o gestor exercite procedimentos de análise de tendências, presentes e futuras, que possam ser identificadas e estudadas, pensando em como poderão ser esses espaços e quais atividades eles poderão oferecer.

6.4.1 O presente e as projeções para o futuro

Em 2015, a edição anual do Encontro Nacional de Recreação e Lazer (Enarel), evento iniciado em 1989, foi sediada no Centro de Eventos do Estádio Mané Garrincha, no Distrito Federal. Naquele grande complexo foi prevista uma área considerável, com estrutura física e de serviços para ações e eventos não esportivos, adotando-se o conceito de **polivalência** em suas instalações.

O caso citado pode exemplificar a afirmação de Soubrier (2000, p. 62, tradução nossa), que corresponde igualmente à oferta de serviços em esporte e lazer na atualidade do ponto de vista do público usuário ou frequentador desses locais:

> As pessoas em situação de lazer procuram, antes de tudo, uma situação, uma experiência ou um estado que permita satisfazer suas aspirações na ausência daquilo que percebem como uma restrição. Além disso, como essa experiência se insere nos intervalos do tempo liberado de toda

obrigação relativa à vida cotidiana, as organizações de lazer devem se adaptar para que seu pessoal trabalhe frequentemente no contratempo, isto é, durante os períodos de tempo livre da coletividade. E, como ela se desenvolve em um espaço, um local destinado a permitir a realização de uma aspiração, este deve corresponder o máximo possível às exigências de todos os usuários – administradores, animadores, clientes etc. –, principalmente de seus clientes. Ora, considerando que estes procuram um ambiente que apresente o mínimo de restrições possível, não se deveria encontrar senão equipamentos adaptados nesse sentido. Para alguns, eles permitiriam a competição; para outros, o repouso, o relaxamento; para outros, ainda, o enriquecimento de seus conhecimentos, a fantasia ou as relações sociais. No fim das contas, esse espaço de lazer deverá, mais do que qualquer outro, ser aquele que permite à pessoa ser ela mesma e realizar suas aspirações.

A análise de Soubrier (2000) e a opção polivalente do Estádio Mané Garrincha, que se aplicam ao presente, podem ser projetadas para o futuro com algumas variações consistentes no aumento da polivalência, na estrutura e no funcionamento dos espaços e na diversificação cada vez maior na oferta de serviços e de experiências. Algumas tendências podem ser identificadas, propostas na sequência para motivar análises, debates e estudos prospectivos.

6.4.2 Tendências

Com as alterações do uso e da distribuição do tempo social ao longo do dia, da semana, do mês e do ano, mudarão também os horários de frequência aos espaços de lazer e sua utilização. Os tempos livres das coletividades (empregando a expressão de Soubrier) serão mais fragmentados, e as pessoas encontrarão meios para usufruir deles discricionariamente. Haverá pressão das comunidades para que os espaços atendam em horários ampliados ou todo o tempo – por exemplo, academias "24 horas". Em síntese, no futuro mediato e imediato não haverá mais o horário rígido de frequência no uso dos espaços de esporte e lazer. Os gestores terão de se adaptar aos novos tempos, que exigirão o aprimoramento dos métodos de administração e de recursos humanos, de controle de custos, de divulgação de serviços e de experiências e de organização de atividades.

O parlamento francês está discutindo a regularização da profissão de jogadores de eSport; no Brasil, um Projeto de Lei do Senado (Lei n. 383, de 2017) está sendo discutido pelo Legislativo Federal. Os praticantes de jogos virtuais que participam de competições com premiações financeiras e, frequentemente, são patrocinados ou contratados por empresas terão, se for tudo aprovado oficialmente, estatuto e registro profissional. A tendência dos jogos digitais vem se delineando como uma prática cada vez mais disseminada, com conteúdo, sistemas e padrões estéticos e visuais em contínuo aprimoramento.

Nessa perspectiva, os equipamentos físicos de esporte e lazer terão de se integrar aos espaços virtuais, a experiências e serviços que deverão ser modificados para integrar *hardware* e *software*. É uma questão inevitável, ainda sem respostas consistentes: como os espaços e os profissionais do esporte e do lazer se prepararão? Quais propostas de ação desenvolverão para incorporar essas novas realidades na gestão e na animação das experiências e dos serviços de esporte e lazer?

A transformação dos espaços de esporte e lazer com a incorporação de novas tecnologias e a elaboração de projetos mais complexos será um fator que exigirá conhecimento teórico e prático dos profissionais da área. Sua gestão será mais complexa e permitirá maior diversidade de experiências; serão modificadas as formas de comunicação e de relacionamento com os usuários; e outros meios de comunicação com o público frequentador se tornarão preponderantes.

Atualmente, os clientes já solicitam aos gestores e animadores dos espaços de esporte e lazer que criem grupos de comunicação virtual para o fluxo de informações entre frequentadores e a organização responsável pelos espaços. O que pedirão amanhã? Eis um bom exercício prospectivo para o horizonte próximo.

Quando observamos o atual desenvolvimento dos estádios e dos ginásios, tem-se tornado cada vez mais importante refletirmos sobre as possibilidades de usos alternativos. São equipamentos de grande porte e de alto custo de construção e de manutenção, e a sociedade espera deles o maior rendimento possível em serviços e experiências com finalidades socioculturais.

Outras mudanças tecnológicas e de qualidade já se consolidam e serão cada vez mais adotadas, incorporadas em desenhos e projetos e solicitadas pelos novos critérios ambientais, sociais e econômicos, como sustentabilidade e melhoria do custo-benefício. Haverá também a implementação de materiais e mobiliário de alta performance para todo tipo de uso (temporário ou permanente), tanto em área coberta quanto descoberta; de sistemas operacionais inteligentes e rápidos para troca e substituição (flexíveis, seguros e com elevado grau de custo-eficiência); e de espaços de esporte e lazer projetados e construídos com a aplicação de soluções cromáticas, visuais e de iluminação natural e artificial, esta última utilizando métodos de redução do custo da energia.

Os espaços modernos são bem iluminados, com cores atrativas harmonizadas esteticamente, de preferência claras, muitas vezes com desenhos e até murais; há também o uso consciente e bem planejado da iluminação natural. Placares digitalizados, grandes telas com sistema de vídeo (em breve com conexão à internet), usando tecnologia LED, são implementados por empresas cada vez mais avançadas que criam e produzem sistemas gradativamente mais sofisticados.

Como em outros setores das atividades humanas, o quadro funcional terá de se adaptar aos novos processos e sistemas; deverão aumentar os programas de treinamento e de qualificação de pessoal; e o sistema educacional será mais exigido. No caso específico do esporte e do lazer, terão de ser ampliados os processos de formação especializada na gestão e na animação dos espaços, incorporando o conhecimento técnico necessário para lidar com as novas soluções de base tecnológica e digital, as quais, em sua maioria, têm custo elevado de implantação e exigem pessoal qualificado para operá-las. Por exemplo, a troca manual dos placares, que podia ser realizada por mão de obra sem qualificação, agora é feita por comando digital, como muitos outros procedimentos, o que implica aperfeiçoamento do quadro operacional dos espaços de esporte e lazer.

Os gestores dos espaços de esporte e lazer também devem se preparar para modificações no relacionamento com a clientela ou com o público frequentador. Estes, à medida que aumenta seu grau de informação, de educação e de aculturação, irão se tornar ainda mais exigentes, qualitativa e quantitativamente, podendo exigir novas atividades e experiências, melhoria dos espaços e da programação, diversificação da oferta e melhor divulgação dos serviços.

Outros conceitos de espaços de esporte e lazer serão pensados e implantados. Alguns já se tornaram realidade, exigindo um esforço extra na aquisição de conhecimento para administrá-los. Um pequeno exemplo: foi inaugurado em julho de 2018 um centro de entretenimento de realidade virtual em um *shopping center* da cidade de São Paulo. Independentemente de ser bem-sucedido ou não, como qualquer outro negócio, ele é um indicador dessa tendência, constituindo-se como um tema válido e viável para estudos e pesquisas. Como serão os espaços de esporte e lazer do futuro?

Outras tendências podem ser estudadas, pesquisadas, analisadas e discutidas, e esse é um trabalho a ser desenvolvido no Brasil, com a identificação das tendências para o futuro no funcionamento dos espaços de esporte e lazer.

Oficina temática

Formulação de índice de sustentabilidade de instalações de esporte e lazer

Antonio Carlos Bramante

Criar uma ferramenta de gestão para testar a viabilidade de instalações de esporte e lazer (antes da edificação) e de sustentabilidade (depois da edificação) não é uma tarefa simples. Para tal, cada caso deve ser tratado de modo individual. No entanto, para fins didáticos, a ferramenta desenvolvida para o Serviço Social da Indústria (Sesi) pode auxiliar na gestão de uma situação em que há baixa frequência de pessoas nas instalações de esportes e de lazer.

> Aplicação de ferramenta de gestão para identificação da sustentabilidade em instalações de esporte e lazer

Como apresentado, por não termos uma cultura de estudos de viabilidade, seja de instalações, seja de programas, na maioria das vezes ficamos reféns dos estudos de sustentabilidade. A diferença é crucial: a viabilidade de instalações requer investimentos em conhecimento profundo do contexto, pesquisas de diversas naturezas e inteligência; ao passo que a viabilidade de programas, além dos elementos anteriores, exige uma visão estratégica dos recursos existentes para melhor aplicá-los com base em informações qualificadas na tentativa de otimizar as instalações já existentes.

Essa ferramenta foi originalmente denominada Índice de Viabilidade Múltipla de Espaços e Equipamentos de Cultura, Esporte e Lazer do Sesi (Ivicel) como parte de um programa de otimização dos centros de atividades do Sesi em todo o país. Na época, havia uma percepção de ociosidade generalizada dessas instalações e buscava-se, além de estratégias para ocupar esses espaços, caso fosse necessário, saber quais poderiam ser eventualmente consideradas para o encerramento de suas atividades com base em dados qualificados (Bramante; Marcolino, 2011).

■ Descrição da ferramenta de gestão

O desenvolvimento de ferramentas gerenciais dessa natureza, como enfatizado anteriormente, exige amplo estudo do contexto para compor suas variáveis. Em um segundo estágio, uma vez eleitas as variáveis, é necessário identificar seus fatores, por meio de descritores, critérios, pesos ponderados e a devida pontuação para cada um deles. Finalmente, para que se aplique a ferramenta de maneira generalizada, é crucial desenvolver um plano piloto, buscando aperfeiçoá-lo antes de utilizá-lo em grande escala, tentando minimizar as chances de erro.

Nesse caso, seis fatores são considerados como essenciais:

- proximidade da comunidade industrial;
- atendimento aos usuários;
- utilização de espaços e instalações específicos de cultura, esporte e lazer (CEL) (N = 95 horas);
- manutenção de espaços e instalações de CEL;
- recuperação financeira;
- perspectivas futuras.

A ferramenta tal qual foi concebida e aplicada será descrita a seguir. Sugerimos aos leitores a realização de algo semelhante em algum ambiente de esporte e lazer de seu conhecimento, já que só se aprende fazendo.

■ Fator 1: Proximidade da comunidade industrial

Tabela 6.1 Distâncias das instalações de esporte e lazer da comunidade industrial

Distância	Pontuação
–2 km	10
2–4 km	8
4–6 km	6
6–8 km	4
8–10 km	2
10 km ou +	0
Total	

■ **Fator 2: Atendimento aos usuários**

a. Peso ou critério quantitativo: 5 pontos = percentual da população do município menos (–) último censo do Instituto Brasileiro de Geografia e Estatística (IBGE) dividido (/) pela média do atendimento no ano anterior.

Tabela 6.2 Percentual da população atendida

Percentual	Pontuação
2% ou +	5
1,6–2,0%	4
1,2–1,6%	3
0,8–1,2%	2
0,4–0,8%	1
– de 0,4%	0
Total	

b. Peso ou critério qualitativo: 5 pontos = distribuição do atendimento por categoria: regimental/industriário, dependente e comunitário.

Tabela 6.3 Percentual da população atendida, qualificando-se os usuários

Categoria	Pontuação
Regimental	(% × .06)
Dependente	(% × .04)
Comunitária	(% × .02)
Total	Máximo 5 pontos

c. Empresas: 15 pontos = percentual no atendimento de empresas industriais

Tabela 6.4 Percentual das indústrias atendidas

Percentual	Pontuação
50% ou +	15
40-50%	12
30-40%	9
20-30%	6
10-20%	3
-10%	0
Total	

■ Fator 3: Utilização de espaços e instalações específicos de CEL (N = 95 horas)

Tabela 6.5 Percentual de utilização das instalações

% de Uso	Pontuação
60% ou +	20
50-60%	16
40-50%	12
30-40%	8
20-30%	4
– de 20%	0
Total	

■ Fator 4: Manutenção de espaços e de instalações de CEL

Descritor: funcionalidade e aparência das instalações ou dos espaços existentes ou criados na unidade especialmente desenvolvidas para atividades artísticas, físico-esportivas, sociais e outras de natureza recreativa ou competitiva, de acordo com as regras e normas existentes.

Critério: estado de conservação dos espaços e das instalações de CEL mais utilizados na unidade no ano.

Peso ponderado no cálculo do Ivicel/Sesi: total = 10.

Subdivisão:

a. Peso ou critério subjetivo: 5 pontos = média do estado de conservação geral dos espaços e das instalações de CEL, considerando-se o critério geral descrito, avaliado pelo responsável da unidade que preencheu o documento.

Classificação subjetiva:

Tabela 6.6 Percepção dos gestores em relação ao grau de manutenção das instalações de esportes e de lazer

Manutenção	Pontuação
Excelente	5
Muito Boa	4
Boa	3
Ruim	2
Muito Ruim	1
Péssima	zero
Total	

b. Peso ou critério objetivo: 10 pontos = investimento efetivo na manutenção dos espaços e dos equipamentos de CEL (não considerar a construção de novos espaços ou equipamentos) realizado no ano anterior, no valor de 5% ou mais do valor das instalações de CEL, combinado com a previsão orçamentária para o ano seguinte de 5% ou mais do valor das referidas instalações.

Classificação objetiva:

Tabela 6.7 Medida objetiva de percentuais do orçamento dedicado à manutenção das instalações de esportes e de lazer

Orçamentos do ano anterior e do ano seguinte	Pontuação
Com investimento realizado no ano anterior de 5%+ do valor das instalações de CEL e com previsão orçamentária de 5%+ do valor das instalações de CEL no ano seguinte.	10
Com investimento realizado no ano anterior de 5%+ do valor das instalações de CEL e sem previsão orçamentária de 5%+ do valor das instalações de CEL no ano seguinte.	6
Sem investimento no ano anterior de 5%+ do valor das instalações de CEL e com previsão orçamentária de 5%+ do valor das instalações de CEL no ano seguinte.	3
Sem investimento no ano anterior de 5%+ do valor das instalações de CEL e sem previsão orçamentária de 5%+ do valor das instalações de CEL no ano seguinte.	0
Total	

- Fator 5: Recuperação financeira

Descritor: situação da unidade em relação aà sua autonomia financeira dentro dos campos de CEL.

Critério: diferença entre todas as receitas e as despesas geradas tão somente dentro da unidade (investimentos em infraestrutura, recursos humanos, materiais e equipamentos, serviços de terceiros, entre outros) nos campos de CEL no ano anterior, excluindo-se na receita a contribuição compulsória. Esse dado deverá ser expresso em percentual (receitas divididas por despesas).

Peso ponderado no cálculo do Ivicel/Sesi: total = 25.

Classificação:

Tabela 6.8 Percentual de recuperação financeira das instalações de esportes e de lazer

Recuperação Financeira	Pontuação
60% ou +	25
50–60%	20
40–50%	15
30–40%	10
20–30%	5
20% ou –	zero
Total	

- Fator 6: Perspectivas futuras

Descritor: capacidade da unidade em melhorar os fatores descritos nos campos de CEL nos próximos 5 anos.

Critério: avaliação subjetiva feita pelo responsável da unidade que preencheu o documento, levando em conta as informações objetivas de que hoje dispõe.

Peso ponderado no cálculo do Ivicel/Sesi: total = 5.

Classificação:

Tabela 6.9 Percepção geral do gestor das instalações de esportes e de lazer

Perspectiva	Pontuação
Excelente	5
Ótima	4
Muito Boa	3
Boa	2
Razoável	1
Ruim	0
Total	

Classificação geral da unidade de CEL:

Tabela 6.10 Demonstrativo geral de sustentabilidade das instalações de esportes e de lazer

Fatores	Peso ponderado	Pontuação obtida pela unidade
1. Proximidade da comunidade industrial	10	
2. Atendimento ao usuário	25	
A) Pessoas	(10)	
a) População do município	[05]	
b) Categoria do usuário	[05]	
B) Empresas	(15)	
3. Utilização dos espaços e das instalações específicas de CEL	20	
4. Manutenção das instalações de CEL	15	
a) Análise subjetiva	(05)	
b) Análise objetiva	(10)	
5. Recuperação financeira	25	
6. Perspectivas Futuras	05	
Total	100 pontos	

Níveis de sustentabilidade múltipla

Tabela 6.11 Classificação da sustentabilidade das instalações de esportes e de lazer

De totalmente sustentável a totalmente insustentável				
Mais de 80 pontos	61 a 80 pontos	41 a 60 pontos	21 a 40 pontos	20 pontos ou menos

▍ *Síntese*

Assunto tão pouco tratado no Brasil quanto a avaliação, o estudo de viabilidade merece atenção especial. Apresentamos alguns elementos essenciais para executar esse trabalho, explicando os tipos de viabilidade e evidenciando sua amplitude, pois se trata de um complexo de fatores relacionados com a realidade social, econômica, política, cultural e ambiental.

Se vivemos na era da comunicação, outro lugar comum, os espaços de esporte e lazer construídos com alto custo e que devem prestar serviços de finalidades sociais para a população (quando públicos) ou prestar atendimento (quando privados) merecem destaque no processo de apresentar, divulgar, justificar e oferecer ao público frequentador suas programações. Desenvolvemos, como contribuição para você, leitor, a implementação de um plano estratégico de comunicação para o espaço de esporte e lazer orientado para o relacionamento comunitário e a integração social.

Além de um plano de comunicação, o espaço de esporte e lazer deverá utilizar ferramentas de *marketing* para que seu uso seja potencializado e seus recursos possam ser utilizados de acordo com suas dimensões e capacidades operacionais. Comunicação e *marketing* se completam, interagem permanentemente e são primordiais na formulação e na execução da programação de atividades e de eventos do espaço.

Ensaiamos uma curta análise prospectiva para os espaços de esporte e lazer no Brasil, esboçando algumas tendências observáveis que podem influenciar sua oferta e sua demanda de serviços. Por fim, apresentamos uma oficina temática de índice de sustentabilidade dessas instalações de uso social.

Indicações culturais

OLIVEIRA, C. B. de. **Plano de marketing e comunicação do Botafogo de Futebol e Regatas**: um estudo de caso. 82 f. Trabalho de Conclusão de Curso (Bacharelado em Comunicação Social) – Universidade Federal do Rio de Janeiro, Rio de Janeiro, 2013. Disponível em: <http://pantheon.ufrj.br/bitstream/11422/1446/1/COliveira.pdf>. Acesso em: 17 dez. 2019.

O Trabalho de Conclusão de Curso (TCC) de Caio Borges de Oliveira descreve como o Botafogo, tradicional clube brasileiro, planejou suas ações de *marketing* e de comunicação.

Atividades de autoavaliação

1. São seis os tipos de viabilidade a serem analisadas e ponderadas previamente quando da implantação do espaço de esporte e lazer: econômico-financeira, política, cultural, social, ambiental e técnica. Tendo em vista essa informação, assinale a alternativa correta:
   a) Não é necessário fazer estudo de viabilidade para o espaço de esporte e lazer; basta construir e colocar em funcionamento.
   b) As seis viabilidades são igualmente importantes e devem ser estudadas e verificadas em conjunto.
   c) A principal viabilidade é a econômico-financeira.
   d) A viabilidade ambiental é somente uma exigência daqueles que não querem o bem-estar da população.
   e) Se uma viabilidade estiver assegurada, as demais podem ser desconsideras.

2. Com relação à viabilidade econômico-financeira, assinale a alternativa correta:
   a) Os recursos financeiros disponíveis serão suficientes para projeto e construção e, posteriormente, para operação e manutenção.

b) A viabilidade econômico-financeira define se a implantação e o funcionamento dos espaços de esporte e lazer têm condições de serem aprovados pelos poderes públicos no projeto, na construção e no funcionamento.

c) A viabilidade econômico-financeira indica se a comunidade ou a cidade têm profissionais e produção de experiências e de eventos para serem incluídos na programação dos espaços.

d) A viabilidade econômico-financeira indica se a população tem interesses e motivações para frequentar esses espaços e para participar das atividades e das experiências propostas.

e) A viabilidade econômico-financeira investiga se a população considera realmente necessário o espaço de esporte e lazer ou se o considera importante para a cidade ou a comunidade.

3. Considerando a classificação da comunicação, relacione a primeira coluna com a segunda:

Dimensão	Característica
(1) Comunicação institucional	( ) Busca construir um ambiente corporativo em que a comunicação entre os colaboradores facilite o desenvolvimento correto das tarefas.
(2) Comunicação mercadológica	( ) Tem como objetivo construir uma imagem positiva da empresa perante a sociedade, os investidores e os clientes e usuários.
(3) Comunicação administrativa	( ) Tem como objetivo transmitir para os demais setores os dados produzidos na administração.
(4) Comunicação interna	( ) Seu objetivo é melhorar a imagem dos produtos ou serviços da empresa.

Agora, assinale a alternativa que apresenta a sequência correta:

a) 4 – 2 – 1 – 3.
b) 1 – 2 – 4 – 3.
c) 3 – 2 – 4 – 1.
d) 4 – 1 – 3 – 2.
e) 4 – 2 – 3 – 1.

4. A transformação dos espaços de esporte e lazer com a incorporação de novas tecnologias e a elaboração de projetos mais complexos será um fator que exigirá mais conhecimentos teóricos e práticos dos profissionais da área. Tendo em vista essa afirmação, assinale a alternativa correta.

   a) Os novos espaços de esporte e lazer serão menores, mais simples e mais fáceis de administrar.
   b) O conhecimento teórico e prático dos profissionais da área será importante para a boa gestão dos espaços de esporte e lazer, considerando-se as mudanças tecnológicas e a implantação de projetos mais complexos.
   c) É uma bobagem se preocupar com a comunicação e o relacionamento com os usuários; basta deixar os espaços liberados e disponíveis para uso.
   d) Os espaços de esporte e lazer não incorporarão as novas tecnologias.
   e) Aprimorar os conhecimentos para a gestão dos espaços de esporte e lazer não é necessário; o conhecimento atual já é suficiente para atender às exigências futuras.

5. Os processos de comunicação sofrem distorções com as barreiras que surgem entre os emissores e os receptores, conforme indica Chiavenato (2004). Entre as sentenças a seguir, assinale a que corresponde às barreiras pessoais.

   a) Interferências decorrentes de limitações, emoções, valores de cada pessoa e cultura.

b) São interferências presentes no ambiente em que ocorre o processo de comunicação.
c) São limitações decorrentes de símbolos por meio dos quais a comunicação é realizada.
d) Essas barreiras podem ser verificadas não só em palavras, mas também em gestos, sinais etc.
e) São barreiras produzidas por dificuldades de relacionamento entre as pessoas.

Atividades de aprendizagem

Questões para reflexão

1. Por que é recomendável analisar a viabilidade cultural de um espaço de esporte e lazer?

2. Quais são, em sua opinião, as tendências e as perspectivas para os espaços de esporte e lazer nos próximos 30 anos?

Atividade aplicada: prática

1. Escolha três espaços de esporte e lazer de sua cidade. Procure, nos meios de comunicação usuais (jornais, cartazes, internet), informações a respeito das atividades e dos serviços oferecidos nesses locais. Em seguida, analise a comunicação de cada espaço: se ela é realizada, como é realizada, quais informações são veiculadas etc.

Considerações finais

Esta é uma obra pioneira no campo da gestão que aborda, principalmente, o esporte com viés mais comunitário e o campo do lazer como dimensão privilegiada da existência humana.

Em uma era em que se sobrevaloriza questões como a competição esportiva, o ganho a qualquer custo, os enfoques comerciais da indústria do entretenimento e as "relações líquidas" (Bauman, 2013), elaborar e aplicar fundamentos de gestão não é uma tarefa simples. Essa dificuldade se amplifica exatamente quando tratamos das experiências de esportes e de lazer, dadas suas características de liberdade e sua motivação intrínseca e, na maioria das vezes, seu contexto de autogestão.

Diante desse cenário, nesta obra apresentamos o lazer como um fenômeno sociocultural urbano, assim como o esporte atual, que é uma de suas manifestações. Essas experiências ocorrem nos mais variados espaços e equipamentos, tanto específicos quanto não específicos, que visam, em última análise, contribuir para o desenvolvimento da qualidade de vida das pessoas e das comunidades humanas.

Sabemos que quanto mais informal for o resultado de uma experiência de esporte e lazer, mais complexo será seu processo de gestão. Por essa razão, apresentamos a evolução conceitual desse atributo e suas funções principais (planejamento, organização, execução e avaliação), sempre mediadas pelas relações de demanda e de oferta.

Devotamos uma atenção especial aos equipamentos e aos espaços de lazer, desde suas concepções e orientações metodológicas até os distintos enfoques de gestão. Nesse sentido, tão importante quanto o planejamento e o desenvolvimento desses espaços e equipamentos é o crucial processo de manutenção. Complementando essa abordagem, dois elementos receberam a devida atenção neste livro: os aspectos financeiros e os aspectos legais de todo processo de gestão de espaços e de equipamentos de esporte e lazer.

Todo esse planejamento, no entanto, de nada vale se não for dada a devida importância ao que pode ser chamado de "coração" ou "cérebro" da área em questão: os profissionais (e os voluntários) preparados para a devida intervenção, em especial na animação dos ambientes de esporte e lazer. A qualificação, o constante aperfeiçoamento e a atualização de suas competências, aqui retratadas pelo CHA (conhecimentos, habilidades e atitudes), são condições essenciais para o sucesso de qualquer empreendimento na área. Por essa razão, explicitamos algumas competências, assim como a devida absorção de voluntários, e demonstramos como a chamada "democracia participativa" se concretiza em um município por meio de seus conselhos no âmbito dos esportes e do lazer, de preferência com atribuições deliberativas.

Ao criar um modelo de demanda e de oferta, seja qual for o espaço ou o equipamento de esporte e lazer, fica mais simples compreendermos a dimensão do que é necessário ser gerido. A proposta de ofertar uma programação organicamente estruturada também oferece um panorama mais amplo do universo que está sendo atendido (aqui denominado clientela "real"), assim como outros que poderão ser beneficiários desses serviços (clientela "em potencial"). O modelo multidimensional de gestão das experiências de esporte e lazer dentro desse contexto é uma robusta ferramenta a ser considerada.

Em um país em que não se tem a cultura do planejamento prévio, é mais do que urgente (re)conhecermos os estudos de viabilidade prévia para qualquer dimensão de projeto que se deseje implementar, para não ficarmos "reféns" dos elementos de sustentabilidade para salvarmos algo que já foi implantado de maneira equivocada.

Ao concluirmos esta obra, esperamos ter atingido os objetivos pretendidos. Sistematizar uma parte do conhecimento prático desenvolvido nos espaços de esporte e lazer do Brasil, bem como provocar um movimento coletivo de profissionais e estudiosos dessas áreas, é fundamental para que em futuro próximo possam ser formatadas novas obras de referência para a gestão do grande complexo de espaços de esporte e lazer de nosso país.

Referências

ABONG – Associação Brasileira de Organizações Não Governamentais. Disponível em: <http://abong.org.br>. Acesso em: 30 out. 2019.

ABREU, C. V.; CARVALHO-FREITAS, M. N. Seleção por competências: a percepção dos profissionais de RH sobre o método de seleção por competências. **Pesquisas e Práticas Psicossociais**, São João del-Rei, v. 3, n. 2, p. 225-234, mar. 2009.

ALMEIDA, L. G. **Gestão de processos e a gestão estratégica**. Rio de Janeiro: Qualitymark, 2002.

AUGÉ, M. **Não lugares**: introdução a uma antropologia da supermodernidade. Campinas: Papirus, 1994.

AVERAGE Annual Hours Worked by Persons Engaged for Brazil. **Economic Research – Federal Reserve Bank of St. Louis**, June 29th 2016. Disponível em: <https://fred.stlouisfed.org/series/AVHWPEBRA065NRUG>. Acesso em: 17 dez. 2019.

AZEVÊDO, P. H. Gestão profissional para o desenvolvimento de políticas públicas de qualidade para o lazer e o esporte. In: AZEVÊDO, P. H.; BRAMANTE, A. C. **Gestão estratégica das experiências de lazer**. Curitiba: Appris, 2017. p. 33-43.

_____. O esporte como negócio: uma visão sobre a gestão do esporte nos dias atuais. **Revista EVS: Estudos Vida e Saúde**, Goiânia, v. 36, n. 9/10, p. 929-939, set./out. 2009. Disponível em: <http://seer.pucgoias.edu.br/index.php/estudos/article/download/1167/810>. Acesso em: 17 dez. 2019.

BADENHAUSEN, K. Super Bowl: as cifras do maior evento esportivo do mundo. **Forbes**, 2 fev. 2018. Disponível em: <https://forbes.uol.com.br/fotos/2018/02/super-bowl-as-cifras-do-maior-evento-esportivo-do-mundo>. Acesso em: 17 dez. 2019.

BARROS, A. M. de. **Curso de direito do trabalho**. 11. ed. São Paulo: LTr, 2017.

BASTOS, F. da C. Administração esportiva: área de estudo, pesquisa e perspectivas no Brasil. **Motrivivência**, Florianópolis, n. 20-21, 2003. Disponível em: <https://periodicos.ufsc.br/index.php/motrivivencia/article/view/930/723>. Acesso em: 17 dez. 2019.

BAUMAN, Z. **A cultura no mundo líquido moderno**. Rio de Janeiro: J. Zahar, 2013.

BRAMANTE, A. C. Desenvolvimento de ferramentas estratégicas para a gestão das experiências de lazer. In: AZEVÊDO, P. H. (Org.). **Gestão estratégica de instalações esportivas e de lazer**. Curitiba: Appris, 2017. p. 39-59.

_____. **Establishing a Basic for the Development of an Undergraduate Curriculum in Recreation and Leisure Studies in Brazil**: a Delphi Approach. 216 s. Thesis (Phylosophy Doctorate Degree) – Pennsylvania State University, Pennsylvania, 1998.

_____. **Gestão estratégica de negócios do lazer**. Brasília: Sesi; Departamento Nacional, 2006.

_____. Qualidade no gerenciamento do lazer. In: BRUHNS, H. T. (Org.). **Introdução aos estudos do lazer**. Campinas: Autores Associados, 1997. p. 123-153.

BRAMANTE, A. C.; MARCOLINO, L. Espaços de cultura, esporte e lazer: um olhar para os próximos 10 anos. In: BRAMANTE, A. **Caderno técnico de gestão e otimização de espaços de cultura, esporte e lazer no SESI**. Brasília: Sesi; Departamento Nacional, 2010. v. 1: Reflexões para Mudanças. p. 21-58.

_____. Estudos de viabilidade econômica, social e ambiental: construção de um índice para efetivas mudanças. In: BRAMANTE, A. **Caderno técnico de gestão e otimização de espaços de cultura, esporte e lazer no SESI**. Brasília: SESI; Departamento Nacional, 2011. v. 2: Fazendo Mudanças: Estudos de Viabilidade Econômica, Social e Ambiental. p. 137-170.

BRAMANTE, A. C.; PINA, L. W. **Gestão de espaços de esporte e lazer**. Belo Horizonte: Ed. da UFMG, 2019. No prelo.

BRASIL. Constituição (1988). **Diário Oficial da União**, Brasília, DF, 5 out. 1988. Disponível em: <http://www.planalto.gov.br/ccivil_03/Constituicao/Constituicao.htm>. Acesso em: 17 dez. 2019.

BRASIL. Emenda Constitucional n. 95, de 15 de abril de 2016. **Diário Oficial da União**, Poder Legislativo, Brasília, DF, 16 dez. 2016. Disponível em: < http://www.planalto.gov.br/ccivil_03/Constituicao/Emendas/Emc/emc95.htm>. Acesso em: 17 dez. 2019.

BRASIL. **Estatuto da cidade**: guia para implementação pelos municípios e cidadãos. 2. ed. Brasília: Câmara dos Deputados, 2002.

BRASIL. Lei Complementar n. 101, de 4 de maio de 2000. **Diário Oficial da União**, Poder Legislativo, Brasília, DF, 5 maio 2000. Disponível em: <https://www.planalto.gov.br/ccivil_03/leis/lcp/lcp101.htm>. Acesso em: 17 dez. 2019.

_____. Lei n. 8.078, de 11 de setembro de 1990. **Diário Oficial da União**, Poder Legislativo, Brasília, DF, 12 set. 1990. Disponível em: <http://www.planalto.gov.br/ccivil_03/leis/l8078.htm>. Acesso em: 17 dez. 2019.

_____. Lei n. 9.608, de 18 de fevereiro de 1998. **Diário Oficial da União**, Poder Legislativo, Brasília, DF, 19 fev. 1998a. Disponível em: <http://www.planalto.gov.br/ccivil_03/leis/l9608.htm>. Acesso em: 17 dez. 2019.

_____. Lei n. 9.615, de 24 de março de 1998. **Diário Oficial da União**, Poder Legislativo, Brasília, DF, 25 mar. 1998b. Disponível em: <http://www.planalto.gov.br/ccivil_03/Leis/L9615consol.htm>. Acesso em: 24 fev30 out. 2019.

_____. Lei n. 9.637, de 15 de maio de 1998. **Diário Oficial da União**, Poder Executivo, Brasília, DF, 18 maio 1998c. Disponível em: <http://www.planalto.gov.br/CCivil_03/leis/L9637.htm>. Acesso em: 17 dez. 2019.

_____. Lei n. 9.790, de 23 de março de 1999. **Diário Oficial da União**, Poder Executivo, Brasília, DF, 24 mar. 1999. Disponível em: <http://www.planalto.gov.br/ccivil_03/leis/L9790.htm>. Acesso em: 17 dez. 2019.

_____. Lei n. 10.257, de 10 de julho de 2001. **Diário Oficial da União**, Poder Legislativo, Brasília, DF, 11 jul. 2001. Disponível em: <https://www2.camara.leg.br/legin/fed/lei/2001/lei-10257-10-julho-2001-327901-publicacaooriginal-1-pl.html>. Acesso em: 17 dez. 2019.

_____. Lei n. 13.019, de 31 de julho de 2014. **Diário Oficial da União**, Poder Executivo, Brasília, DF, 1º ago. 2014. Disponível em: <http://www.planalto.gov.br/ccivil_03/_ato2011-2014/2014/lei/l13019.htm>. Acesso em: 17 dez. 2019.

_____. Lei n. 13.204, de 14 de dezembro de 2015. **Diário Oficial da União**, Poder Executivo, Brasília, DF, 15 dez. 2015. Disponível em: <http://www.planalto.gov.br/ccivil_03/_Ato2015-2018/2015/Lei/L13204.htm>. Acesso em: 17 dez. 2019.

BRASIL. Ministério da Educação. Secretaria de Educação Física e Desporto. **Princípios básicos**. Rio de Janeiro: Rede Nacional Esporte para Todos, 1983.

CAMARGO, L. O. de L. **Educação para o lazer**. São Paulo: Moderna, 1998.

CAMPOS, A.; RAMOS, P.; SANTOS, A. A influência da mídia no esporte. In.: XIV CONGRESSO DE CIÊNCIAS DA COMUNICAÇÃO NA REGIÃO NORTE, 14., 2015, Manaus. **Anais**... Intercom, 2015. Disponível em: <http://www.portalintercom.org.br/anais/norte2015/resumos/R44-0620-1.pdf>. Acesso em: 2 dez. 2019.

CARVALHO, G. G. dos S.; DUARTE, J. C. Modelo de diagnóstico organizacional rumo à consultoria. **Programa de Apoio à Iniciação Científica – PAIC 2012-2013**, v. 4, n. 1, p. 241-256, 2013. Disponível em: <https://cadernopaic.fae.edu/cadernopaic/article/viewFile/17/16>. Acesso em: 17 dez. 2019.

CASTELLS, M. **A questão urbana**. Rio de Janeiro: Paz e Terra, 2000.

CHIAVENATO, I. **Comportamento organizacional**: a dinâmica do sucesso das organizações. São Paulo: Thomson, 2004.

CORONIO, G.; MURET, J.P. **Loisirs**: Guide pratique des équipements. Paris: CRU, 1976.

DEL RIO, V. **Introdução ao desenho urbano no processo de planejamento**. São Paulo: Pini, 1990.

DORNELLES, B. Divergências conceituais em torno da comunicação popular e comunitária na América Latina. **Revista da Associação Nacional dos Programas de Pós-Graduação em Comunicação**, p. 2-18, ago. 2007. Disponível em: <http://unesav.com.br/ckfinder/userfiles/files/Divergencias%20conceituais%20em%20torno%20da%20comunicacao%20popular.pdf>. Acesso em: 17 dez. 2019.

DOURADO, S. P. da C. Envelhecimento, corpo e esporte: novas percepções da velhice. In: REUNIÃO BRASILEIRA DE ANTROPOLOGIA, 29., 2014, Natal. **Anais**... Natal, 2014. Disponível em: <http://www.29rba.abant.org.br/resources/anais/1/1401715033_arquivo_aba2014simonedourado.pdf>. Acesso em: 17 dez. 2019.

DUMAZEDIER, J. **A teoria sociológica da decisão**. São Paulo: Sesc, 1980a.

____. **Valores e conteúdos culturais do lazer**. São Paulo: Sesc, 1980b.

FERRARI, R. D.; PIRES, G. de L. Cultura colaborativa e gestão do conhecimento em esporte e lazer. **Motriz**, Rio Claro, v. 19, n. 2, p. 288-297, abr./jun. 2013. Disponível em: <http://www.scielo.br/pdf/motriz/v19n2/06.pdf>. Acesso em: 17 dez. 2019.

FUÃO, F. F. O sentido do espaço. Em que sentido, em que sentido? **Arquitextos**, ano 4, maio 2004. Disponível em: <http://www.vitruvius.com.br/revistas/read/arquitextos/04.048/582>. Acesso em: 17 dez. 2019.

GAGNON, P. **Programmes municipaux de loisir**: orientation & évaluation. Montréal: Intrinsèque, 1980.

GUTTMANN, A. **From Ritual to Record**: the Nature of Modern Sports. New York: Columbia University, 1978.

HAVE, S. et al. **Modelos de gestão**: o que são e quando devem ser usados. São Paulo: Prentice Hall, 2003.

HELLER, E. C. Envelhecimento no século XXI: celebração e desafio. Resumo Executivo, 2012. Disponível em: <https://www.unfpa.org/sites/default/files/pub-pdf/Portuguese-Exec-Summary_0.pdf>. Acesso em: 17 dez. 2019.

HOBSBAWM, E.; RANGER, T. **A invenção das tradições**. Rio de Janeiro: Paz e Terra, 1984.

IBGE – Instituto Brasileiro de Geografia e Estatística. **Síntese de indicadores sociais 2016**: uma análise das condições de vida da população brasileira. Rio de Janeiro, 2016.

KOTLER, P. **Princípios de marketing**. São Paulo: Prentice Hall, 2000.

KOTLER, P.; KARTAJAYA, H.; SETIAWAN, I. **Marketing 3.0**: as forças que estão definindo o novo marketing centrado no ser humano. Rio de Janeiro: Elsevier, 2010.

____. **Marketing 4.0**: do tradicional ao digital. Rio de Janeiro: Sextante, 2017.

KRAUS, R. **Recreation Today**: Program Planning and Leadership. 2nd ed. Santa Monica: Goodyear, 1977.

KUNSCH, M. M. K. (Org.). **Comunicação organizacional**: histórico, fundamentos e processos. São Paulo: Saraiva, 2009. v. 1.

____. Comunicação organizacional: conceitos e dimensões dos estudos e das práticas. In: MARCHIORI, M. **Faces da cultura e da comunicação organizacional**. São Caetano do Sul: Difusão, 2006. p. 167-190.

LACOMBE, F.; HEILBORN, G. **Administração**: princípios e tendências. São Paulo: Saraiva, 2006.

LIMA, G. B. et al. Caracterização da gestão de marketing em clubes de futebol: um estudo de caso no interior de São Paulo. **Revista Facef Pesquisa**, v. 19, n. 2, p. 180-195, maio/ago. 2016. Disponível em: <http://periodicos.unifacef.com.br/index.php/facefpesquisa/article/view/1188/971>. Acesso em: 2 dez. 2019.

LOPES, C. G.; ISAYAMA, H. F. Políticas públicas de esporte e lazer e atuação profissional: o caso do programa BH cidadania. **Revista Brasileira de Estudos do Lazer**, Belo Horizonte, v. 1, n. 2, p. 54-71, ago. 2014. Disponível em: <https://periodicos.ufmg.br/index.php/rbel/article/view/451/294>. Acesso em: 17 dez. 2019.

MACHADO NETO, O. Implantação e funcionamento do parque lúdico: uma avaliação dos novos espaços do brincar. In: MIRANDA, S. de M. (Org.). **O parque e a arquitetura**: uma proposta lúdica. Campinas: Papirus, 1996. p. 99-110.

MAGNANI, G. **Sociologia do esporte**. São Paulo: Perspectiva, 1969.

MARCHI JUNIOR, W. Desporto. In: FENSTERSEIFER, P. E.; GONZÁLEZ, J. (Org.). **Dicionário crítico da educação física**. Ijuí: Ed. Unijuí, 2005. p. 126-130.

MARQUES, R. F. R.; GUTIERREZ, G. L.; ALMEIDA, M. A. B. de. A transição do esporte moderno para o esporte contemporâneo: tendência de mercantilização a partir do final da Guerra Fria. In: ENCONTRO DA ASOCIACÍON LATINOAMERICANA DE ESTUDIOS SOCIOCULTURALES DEL DEPORTE, 1., 2008, Curitiba. **Anais**... Curitiba, 2008. Disponível em: <http://cev.org.br/arquivo/biblioteca/a-transicao-esporte-moderno-para-o-esporte-contemporaneo-tendencia-mercantilizacao-partir-final-guerra-fria.pdf>. Acesso em: 17 dez. 2019.

MARTINS, D. J. Q. **Gestão e empreendedorismo de negócios esportivos**. Trabalho de Conclusão de Curso (Especialização em Gestão e Metodologia do Ensino da Educação Física) – Faculdade Fael, Curitiba, 2010.

MAXIMIANO, A. C. A. **Teoria geral da administração**: da revolução urbana à revolução digital. 3. ed. São Paulo: Atlas, 2002.

MELO NETO, F. P. **Marketing esportivo**: o esporte como ferramenta do marketing moderno. Rio de Janeiro: Best Seller, 2013.

MERLIN, P.; CHOAY, F. **Dictionnaire de l'urbanisme et de l'aménagement**. Paris: Presses Universitaires de France, 1988.

MICHAELIS 2000. **Moderno dicionário da língua portuguesa**. Rio de Janeiro: Reader's Digest; São Paulo: Melhoramentos, 2000. 2 v.

MUMFORD, L. **A cidade na história**: suas origens, transformações e perspectivas. São Paulo: M. Fontes, 1982.

NETO, F. de C. M.; PERES, M. L.; CARDOSO, I. A. P. A importância da manutenção para o negócio. In: ENCONTRO NACIONAL DE ENGENHARIA DE PRODUÇÃO, 31., 2011, Belo Horizonte. **Anais**... Belo Horizonte, 2011. Disponível em: <http://www.abepro.org.br/biblioteca/enegep2011_TN_STO_135_859_18427.pdf>. Acesso em: 17 dez. 2019.

NOGUEIRA, J. **Plano/programa e projetos**. Disponível em: <http://www.jaironogueira.noradar.com/jairo13.htm>. Acesso em: 17 dez. 2019.

OECD – Organisation for Economic Co-Operation and Development. **Average Annual Hours Actually Worked per Worker**. 2019. Disponível em: <https://stats.oecd.org/Index.aspx?DataSetCode=ANHRS>. Acesso em: 17 dez. 2019.

OKAMOTO, J. **Percepção ambiental e comportamento**: visão holística da percepção ambiental na arquitetura e na comunicação. São Paulo: Mackenzie, 2002.

OLIVEIRA, D. de P. R. **Administração de processos**: conceitos, metodologia, práticas. São Paulo: Atlas, 2006.

ORÇAMENTO público: entenda como é definido. **Politize!**, 27 out. 2016. Disponível em: <http://www.politize.com.br/orcamento-publico-como-e-definido/>. Acesso em: 17 dez. 2019.

PEIXOTO, A. E. T.; TIBURCIO, I. Orçamento público: entenda como é definido. **Politize!**, 27 out. 2016. Disponível em: <https://www.politize.com.br/orcamento-publico-como-e-definido>. Acesso em: 17 dez. 2019.

PINA, L. W. Gestão de recursos físicos para o lazer e o entretenimento. In: POLI, K.; PINA, L. W.; RODRIGUES, R. M. de A. **Gestão do lazer e do entretenimento**. Rio de Janeiro: Brasport, 2016. p. 140-164.

_____. Os equipamentos de lazer como cenários das experiências e atividades do tempo livre. **Revista Brasileira de Estudos do Lazer**, Belo Horizonte, v. 4, n. 1, p. 52-69, jan./abr. 2017. Disponível em: <https://periodicos.ufmg.br/index.php/rbel/article/view/564/383>. Acesso em: 17 dez. 2019.

_____. **Planejamento de equipamentos de lazer**. São Paulo: Perse, 2014.

PINA, L. W.; RIBEIRO, F. T. Planejamento e estruturação de um sistema de manutenção para instalações esportivas e de entretenimento. In: CONGRESSO DA ASSOCIAÇÃO LATINO-AMERICANA DE GESTÃO DO ESPORTE, 4., 2015, São Paulo. **Anais**... São Paulo, 2015.

POINTS OF LIGHT FOUNDATION. Developing a Corporate Volunteer Program. Disponível em: <http://www.pointsoflight.org>. Acesso em: 17 dez. 2019.

REQUIXA, R. **Sugestões e diretrizes para uma política nacional do lazer**. São Paulo: Sesc, 1980.

REZENDE, J. R. **Organização e administração no esporte**. Rio de Janeiro: Sprint, 2000.

RIBEIRO, A. de L. **Teorias da administração**. 2. ed. São Paulo: Saraiva, 2010.

RIBEIRO, F. T. **Novos espaços para esporte e lazer**: planejamento e gestão de instalações para esportes, educação física, atividades físicas e lazer. São Paulo: Ícone, 2011.

RITT, C. F. **Violência doméstica e familiar contra o idoso**: o município e a implementação das políticas públicas previstas no estatuto do idoso. 180 f. Dissertação (Mestrado em Direito) - Universidade de Santa Cruz do Sul, Santa Cruz do Sul, 2007. Disponível em: <http://www.dominiopublico.gov.br/download/teste/arqs/cp060613.pdf>. Acesso em: 2 dez. 2019.

RODRIGUES, R. M. de A. Gestão de pessoas no lazer e no entretenimento com foco em liderança. In: RODRIGUES, R. M. de A.; PINA, L. W.; POLI, K. L. da C. **Gestão do lazer e do entretenimento**. Rio de Janeiro: Brasport, 2016. p. 70-93.

ROSER, M. Working Hours. **Our World in Data**. Disponível em: <https://ourworldindata.org/working-hours>. Acesso em: 17 dez. 2019.

SANCHO, J. A. M. **Planificación deportiva**: teoria y práctica. 2. ed. Barcelona: Inde, 1997.

SAWYER, T. H. (Ed.). **Facility Design and Management, for Health, Fitness, Physical Activity, Recreation, and Sports Facility Development**. 11. ed. Champaing: Sagamore, 2005.

SCHERMERHORN JR., J. R. **Administração**. 5. ed. Rio de Janeiro: LTC, 1999.

SCHWARTZ, G. M. O conteúdo virtual do lazer: contemporizando Dumazedier. **Licere**, Belo Horizonte, v. 6, n. 2, p. 23-31, 2003. Disponível em: <https://periodicos.ufmg.br/index.php/licere/article/view/1468>. Acesso em: 17 dez. 2019.

SHIMOYAMA, C.; ZELA, D. R. Administração de marketing. In: MENDES, J. T. G. (Org.). **Marketing**. Curitiba: Associação Franciscana de Ensino Senhor Bom Jesus, 2002. (Coleção Gestão Empresarial). p. 1-18. Disponível em: <https://www.cairu.br/biblioteca/arquivos/Administracao/Marketing_FAE.pdf>. Acesso em: 2 dez. 2019.

SIGOLI, M. A.; DE ROSE JR., D. A história do uso político do esporte. **Revista Brasileira de Ciência & Movimento**, Taguatinga, DF, v. 12, n. 2, p. 111-119, 2004. Disponível em: <https://portalrevistas.ucb.br/index.php/RBCM/article/view/566/590>. Acesso em: 17 dez. 2019.

SILVEIRA, R. da; ROSA, S. M. da. Envelhecimento e esporte: um estudo sobre os basqueteiros veteranos da cidade do Rio Grande/RS. **Caderno de Educação Física e Esporte**, Marechal Cândido Rondon, v. 9, n. 17, p. 57-66, 2010. Disponível em: <http://e-revista.unioeste.br/index.php/cadernoedfisica/article/view/4557>. Acesso em: 17 dez. 2019.

SORJ, B. **A nova sociedade brasileira**. Rio de Janeiro: J. Zahar, 2000.

SOUBRIER, R. **Planification, aménagement et loisir**. 2. ed. Québec: Presses de l'Université du Québec, 2000.

STEBBINS, R. A. **Amateurs, Professionals, and Serious Leisure**. Montréal: QC and Kingston: McGill-Queen's University Press, 1992.

STEBBINS, R. A. Quando o trabalho é essencialmente lazer. **Revista Brasileira de Estudos do Lazer**, Belo Horizonte, v. 1, n. 1, p. 42-56, jan./abr. 2014. Disponível em: <https://periodicos.ufmg.br/index.php/rbel/article/view/433/281>. Acesso em: 17 dez. 2019.

TRIBUNAIS de contas municipais (TCMs). **Folha de S. Paulo**, 27 fev. 2008. Para entender direito. Disponível em: <http://direito.folha.uol.com.br/blog/tribunais-de-contas-municipais-tcms>. Acesso em: 30 out. 2019.

UN-HABITAT – United Nations Human Settlements Programme. **World Cities Report 2016**: Urbanization and Development – Emerging Futures. 2016. Disponível em: <https://unhabitat.org/books/world-cities-report>. Acesso em: 17 dez. 2019.

UGALDE, K. I. **Guía sobre la regularización laboral y del voluntariado en el deporte base**. Jun. 2015. Disponível em: <http://www.munideporte.com/imagenes/documentacion/ficheros/00E9D2D8.pdf>. Acesso em: 30 out. 2019.

VIEIRA, T. P.; STUCCHI, S. Relações preliminares entre a gestão esportiva e o profissional de educação física. **Conexões: Revista da Faculdade de Educação Física da UNICAMP**, Campinas, v. 5, n. 2, p. 113-128, jul./dez.

2007. Disponível em: <https://periodicos.sbu.unicamp.br/ojs/index.php/conexoes/article/view/8637882/5573>. Acesso em: 17 dez. 2019.

VILLARDI, B. Q.; FERRAZ, V. N.; DUBEUX, V. J. C. Uma metodologia para diagnóstico de clima organizacional: integrando motivos sociais e cultura brasileira com fatores do ambiente de trabalho do Poder Judiciário. **Revista de Administração Pública**, v. 45, n. 2, p. 303-329, 2011. Disponível em: <http://bibliotecadigital.fgv.br/ojs/index.php/rap/article/view/6994/5554>. Acesso em: 2 dez. 2019.

XAVIER, C. M. da S.; CHUERI, L. de O. V. **Metodologia de gerenciamento de projetos no terceiro setor**: uma estratégia para a condução de projetos. Rio de Janeiro: Brasport, 2008.

XAVIER, J. N. **Manutenção**: tipos e tendências. Disponível em: <https://blog.engeman.com.br/manutencao-tipos-e-tendencias/>. Acesso em: 2 dez. 2019.

Bibliografia comentada

AZEVÊDO, P. H.; BRAMANTE, A. C. **Gestão estratégica das experiências de lazer**. Curitiba: Appris, 2017.

Esse trabalho coletivo contempla textos produzidos por vários autores no 27º Encontro Nacional de Recreação e Lazer (Enarel), realizado em 2015 na Universidade de Brasília (UnB). Com 26 capítulos escritos por 38 especialistas, o livro apresenta o conteúdo desenvolvido no evento, fundamento nos diversos interesses culturais referentes ao lazer, nas distintas dimensões da gestão desse segmento e no lócus em que as experiências de lazer ocorrem.

CASTELLS, M. **A questão urbana**. Rio de Janeiro: Paz e Terra, 2000.

Como informa a apresentação do livro, o autor "rompe com a tradição sociológica funcionalista e positivista e traz para o campo da análise do conflito de classes as lutas e os problemas urbanos" (Castells, 2000). Trata-se de outra obra importante sobre o tema, a qual apresenta forte influência tanto no cenário nacional quanto no internacional.

COSTA, T. A. da; PINES JR., A. R. (Org.). **Lazer e recreação**: conceitos e práticas culturais. Rio de Janeiro: WAK, 2018.

Essa coletânea, composta por 26 capítulos escritos por 34 autores, propõe desbravar as possibilidades de intervenção em diferentes áreas do lazer, da recreação e do entretenimento, analisando e criticando os processos de implantação e desenvolvimento de atividades e de experiências em diferentes contextos e situações operacionais.

DUMAZEDIER, J. **Valores e conteúdos culturais do lazer**. São Paulo: Sesc, 1980.

Esse é um dos três livros publicados exclusivamente no Brasil por meio do Serviço Social do Comércio no Estado de São Paulo (Sesc), mais especificamente na coleção Biblioteca Científica. Segundo o próprio autor, essa obra "é resultado de um seminário de reflexão sociológica e pedagógica sobre o lazer e a ação cultural" (Dumazedier, 1980, p. 11), realizado na cidade de Águas de São Pedro, em 1977, sob sua orientação e as orientações de Renato Requixa e Luiz Octávio de Lima Camargo. O conteúdo das discussões foi sistematizado pelo autor nessa obra rara, permitindo uma reflexão sobre a política cultural urbana e as relações do lazer com o trabalho, a cidade, a família e a cultura popular. Além disso, o texto oferece uma da principais contribuições teóricas desse campo com aplicação prática, a dos interesses culturais do lazer, amplamente conhecida entre os que atuam na área. De maneira geral, além da relevância dos enfoques teóricos, o livro é uma referência importante para a atuação profissional no campo do lazer, da recreação e do esporte como fenômeno social.

LEFEBVRE, H. **A revolução urbana**. Belo Horizonte. Ed. da UFMG, 2002.

Obra que dá continuidade às reflexões de O direito à cidade. Nela, o autor analisa as transformações urbanas modernas e indica possibilidades para a evolução das cidades.

LEFEBVRE, H. **O direito à cidade**. São Paulo: Moraes, 1991.

Trata-se da publicação mais conhecida e difundida do autor, a qual influenciou sociólogos, urbanistas, arquitetos, cientistas políticos e geógrafos em estudos sobre os núcleos urbanos, sua constituição e sua formação. Nela, apresenta-se a ideia de produção do espaço urbano, a qual é analisada com base em uma fundamentação marxista, colocando-se o processo sob a égide do capitalismo. O livro, embora amplamente abordado no Brasil, merece ser mais bem lido e entendido. Por isso, sugerimos um leitura atenta àqueles que querem entender melhor os processos de constituição das cidades.

PINA, L. W. Os equipamentos de lazer como cenários das experiências e atividades do tempo livre. **Revista Brasileira de Estudos do Lazer**, Belo Horizonte, v. 4, n. 1, p. 52-69, jan./abr. 2017. Disponível em: <https://periodicos.ufmg.br/index.php/rbel/article/view/564/383>. Acesso em: 30 out. 2019.

Trata-se de um dossiê completo sobre equipamentos de lazer que fornece indicações interessantes sobre o assunto. É o primeiro documento sobre o tema publicado no Brasil.

PINA, L. W. **Planejamento de equipamentos de lazer**. São Paulo: Perse, 2014.

Essa publicação, juntamente com a obra de Fernando Telles Ribeiro, constitui a literatura nacional referente ao planejamento de equipamentos de lazer. No cenário internacional também há poucas obras sobre o assunto: há as produções de Coronio e Muret (1976), pioneiros no tema, e a de Robert Soubrier (2000).

Com base em 35 anos de experiência profissional, Pina descreve nessa obra um processo de planejamento de equipamentos de lazer considerando as variáveis socioculturais concernentes para orientar organizações que pretendem implantá-los no meio urbano.

REQUIXA, R. **Sugestões e diretrizes para uma política nacional do lazer**. São Paulo: Sesc, 1980.

Pioneira no Brasil, essa obra apresenta a noção de equipamentos de lazer, bem como sua classificação (posteriormente ampliada por Luiz Wilson Pina). O autor foi um precursor ao situar a cidade como o local privilegiado para as práticas e as experiências de lazer.

RIBEIRO, F. T. **Novos espaços para esporte e lazer**: planejamento e gestão de instalações para esportes, educação física, atividades físicas e lazer. São Paulo: Ícone, 2011.

Trata-se de outra obra sobre espaços para esporte e lazer publicada no Brasil. Fundamentando-se em experiências profissionais de várias décadas e em pesquisas sobre o assunto, Ribeiro analisa documentos técnicos internacionais sobre espaços para esporte e lazer e apresenta uma metodologia de planejamento aplicável ao caso brasileiro.

SILVA, M. R. **Lazer nos clubes sociorrecreativos**. São Paulo: Factach, 2007.

Essa obra propõe uma discussão sobre a complexa e dinâmica vida em clubes sociorrecreativos. As tensões e os conflitos vividos no interior desses espaços por diversos agentes (associados, diretores, técnicos) geram necessidades, desejos e expectativas que precisam ser compreendidos. Diante desse cenário, Silva apresenta uma mudança no comportamento dos associados: eles passam de uma postura mais romântica a uma mais pragmática, sinalizando a necessidade de os gestores avaliarem esse cenário e refletirem sobre seu tipo de gestão.

Respostas

Capítulo 1
1. c
2. b
3. c
4. d
5. e

Capítulo 2
1. d
2. c
3. b
4. c
5. e

Capítulo 3
1. e
2. c
3. d
4. b
5. d

Capítulo 4
1. a
2. e
3. c

4. a
5. b

Capítulo 5

1. c
2. a
3. d
4. e
5. e

Capítulo 6

1. b
2. a
3. d
4. b
5. a

Sobre os autores

Antonio Carlos Bramante é doutor em Filosofia, com ênfase em Estudos do Lazer e Gestão de Parques Públicos, pela Universidade Estadual da Pensilvânia e mestre em Educação, com ênfase em Ciências do Movimento e Desenvolvimento da Saúde, pela Universidade Estadual de West Chester – ambas nos Estados Unidos. É licenciado em Educação Física pela Escola Superior de Educação Física de São Carlos – SP.

Foi professor da Faculdade de Educação Física da Universidade Estadual de Campinas (Unicamp), professor visitante na Faculdade de Educação Física da Universidade de Brasília (UnB) e diretor da Faculdade de Educação Física da Associação Cristã de Moços (ACM) de Sorocaba. Exerceu diversos cargos públicos na Prefeitura de Sorocaba, como os de Secretário da Criança e do Adolescente, Secretário de Educação e Cultura e Secretário do Esporte e Lazer e da Juventude. Além disso, foi diretor de suporte técnico do extinto Instituto Nacional de Desenvolvimento do Desporto (Indesp), órgão ligado ao ex-ministro extraordinário dos desportos Edson Arantes do Nascimento (Pelé).

Como pesquisador, já produziu vários capítulos e mais de 50 artigos, publicados em veículos nacionais e internacionais. Atualmente, é pesquisador convidado do Laboratório de Gestão de Esporte e Lazer (Gesporte) da Faculdade de Educação Física da UnB e Coordenador do Grupo de Estudos e Pesquisa de Gestão das Experiências de Lazer (Gepgel) da mesma instituição.

É diretor e consultor da Bramante Consultoria, na qual tem atuado especialmente no âmbito de clubes sociorrecreativos, como o Serviço Social da Indústria (Sesi), o Serviço Social do Comércio (Sesc) e a Federação Nacional da Associação Atlética Banco do Brasil (AABB). Além disso, é membro da Comissão de Cultura e Pesquisa do Panathlon International e membro do Conselho Diretor da Organização Mundial de Lazer.

Luiz Wilson Alves Corrêa Pina é mestre em Educação Ambiental pela Universidade Paulista (Unip-SP) e em Lazer e Recreação pela Universidade Estadual de Campinas (Unicamp). É graduado em Ciências Econômicas com Especialização em Elaboração e Avaliação de Projetos pelas Faculdades Metropolitanas Unidas (FMU), em Lazer e Recreação pela Unicamp e em Gestão Ambiental pelo Serviço Nacional de Aprendizagem Comercial (Senac-SP).

Atuou no Serviço Social do Comércio (Sesc) como orientador social (1975-1977) e como consultor de planejamento (2004-2011). Até 2003, participou diretamente dos trabalhos de planejamento de construção, de reforma e de revitalização de 20 grandes unidades operacionais e centros de lazer do Sesc-SP.

É autor dos livros *Lazer e recreação na hotelaria* – escrito em parceria com Olívia Cristina Ribeiro (2008) –, *Gestão do lazer e do entretenimento* – escrito em parceria com Rosângela Martins Rodrigues e Karina Poli (2016) – e *Planejamento de equipamentos de lazer* (2014).

Atualmente, é consultor de lazer nas áreas de planejamento, programação e animação sociocultural e membro do Grupo Interdisciplinar de Estudos do Lazer (Giel) da Escola de Artes e Ciências Humanas da Universidade de São Paulo (Each-USP), Campus Leste.

Marcos Ruiz da Silva é doutor em Educação Física, com ênfase em Práticas Sociais, pela Universidade Estadual de Maringá (UEM), mestre em Educação Física, com ênfase em História e Sociologia do Esporte, pela Universidade Federal do Paraná (UFPR), especialista em Administração de Recursos Humanos e Educação Física Escolar pela mesma instituição e licenciado em Educação Física pela Universidade Estadual de Londrina (UEL).

Atuou como gestor de clubes recreativos por vários anos, desenvolvendo projetos na área de esporte e lazer. Desde 2000 é professor dos cursos de Educação Física e Pedagogia, nos quais ministra disciplinas ligadas às áreas de lazer, gestão esportiva, ludicidade, jogos e brincadeiras e práticas corporais da natureza. Além disso, é coordenador dos cursos de Licenciatura e Bacharelado em Educação Física do Centro Universitário Internacional (Uninter) e membro de um grupo de pesquisas (vinculado à Capes) que estuda a educação física e o ensino a distância.

É autor de artigos publicados em congressos nacionais e internacionais, de capítulos e de livros da área, como *Temas para administração de clubes sociorrecreativos* (2010) e *Educação física escolar: teoria e prática* (2016).

Impressão: Gráfica LISAPRESS

Junho/2022